古典文獻研究輯刊

三八編

潘美月・杜潔祥 主編

第26冊

《說文解字》今注
（第一冊）

牛尚鵬 著

國家圖書館出版品預行編目資料

《說文解字》今注（第一冊）／牛尚鵬 著 -- 初版 -- 新北市：
花木蘭文化事業有限公司，2024〔民 113〕
序 2+ 目 20+184 面；19×26 公分
（古典文獻研究輯刊 三八編；第 26 冊）
ISBN 978-626-344-729-5（精裝）
1.CST：說文解字 2.CST：注釋
011.08 112022600

ISBN-978-626-344-729-5

古典文獻研究輯刊
三八編　第二六冊　　　　　　ISBN：978-626-344-729-5

《說文解字》今注
（第一冊）

作　　者　牛尚鵬
主　　編　潘美月、杜潔祥
總 編 輯　杜潔祥
副總編輯　楊嘉樂
編輯主任　許郁翎
編　　輯　潘玟靜、蔡正宣　美術編輯　陳逸婷
出　　版　花木蘭文化事業有限公司
發 行 人　高小娟
聯絡地址　235 新北市中和區中安街七二號十三樓
　　　　　電話：02-2923-1455／傳真：02-2923-1400
網　　址　http://www.huamulan.tw 信箱 service@huamulans.com
印　　刷　普羅文化出版廣告事業
初　　版　2024 年 3 月
定　　價　三八編 60 冊（精裝）新台幣 156,000 元　　版權所有·請勿翻印

《說文解字》今注
（第一冊）

牛尚鵬　著

作者簡介

　　牛尚鵬，男，河南新鄉人，1983 年生，2002 ～ 2009 年就讀於山東大學，師從邵文利、路廣正教授；2009 ～ 2012 年就讀於南開大學，師從楊琳教授，獲博士學位。主攻訓詁學、俗字學及道教文獻學。現為天津外國語大學副教授，碩士生導師。

　　主講古代漢語、古典文獻學、俗字學等課程。歷屆中國訓詁學會、中國文字學會會員，在《說文學研究》《古典文獻研究》《漢語史研究集刊》《中國語言文學研究》《宗教學研究》《古籍整理研究學刊》《文獻語言學》《北京大學古典文獻研究中心輯刊》《中國文字研究》等重要刊物發表學術論文 60 餘篇，著作有《〈說文解字〉箋注》《道經字詞考釋》，參編教材《古代漢語》《漢語基礎教程》。主持天津市教委項目、天津市社科規劃項目、教育部青年基金項目、國家社科基金青年項目。2015 年入選天津市「131」創新型人才培養工程第三層次，2018 年入選天津市「131」創新型人才培養工程第二層次。

提　　要

　　這是一本面向當代文科大學生及文字學、國學愛好者的普及性文字學著作，也是一本幫助讀者提高文言文閱讀水平，強化國學根基的語文工具書。

　　本書可以作為高等學校文字學、「說文學」等通識選修課的教材，亦可以作為中國古代文學、中國古典文獻學、漢語言文字學等相關專業的教材。本書學術性與通俗性並有，趣味性與知識性兼具。內容豐富，條理清晰，資料詳實，既有古文字字形的分析，又有現代字義的解釋，更有相關古代文化知識的現代解讀，每個字附以專業的現代文注釋，為讀者閱讀和理解國學經典掃除障礙。本書為《說文解字》這部深奧古樸的文字學經典，帶來現代化的解讀信息。

　　簡而言之，本書有以下六大特徵：

　　一、旨在實用

　　本書旨在提高讀者的文言文閱讀水平，故注解具有選擇性。古今詞義差別不大或太簡單者無需出注，對閱讀古籍用處不大的生僻字一般不注，個別對閱讀或闡釋詞源有價值者點到為止，常用字則多施筆墨。《說文》的通釋本往往見字就出注，這對一般讀者意義不大。

　　二、濃縮《段注》

　　本書可謂《段注》之「精華本」。《段注》分析字形、論證古義、闡述文化、闡明體例等內容的精華部分大多囊括殆盡，學人執此一卷，不必煩惱於《段注》之雜蕪尨亂、古奧艱深。《段注》個別考據精妙絕倫，足以發覆前說，啟滯開蒙，縱整段摘引，不減一字，在所不避。餘者擷其精華，去其煩蕪，縱隻言片語，亦採納無遺。欲初涉文字訓詁門徑者，可只看我的注解部分；欲登入《說文》、國學堂奧者，則可進一步研讀《段注》部分。

　　三、闡明體例

　　《說文》及《段注》的「連篆為讀」「一句數讀」「造字時有假借」「引申假借」「讀若」「形借」「復舉字」「即形為義」「異部重文」「同部重文」等重要體例都隨文點出。「同步引申」「相鄰引申」「訓讀（義同換讀）」等重要詞彙理論也都隨字闡明。

四、溯源字形

個別文字羅列甲骨、金文等古文字字形，釋文採取學界通說，一般以《漢語大字典》之採擇為依據。簡體字一般要交代其來源。特別是現行的很多簡體字來源於草書楷化字形，而草書楷化又是《說文》注解者措意不多之處，故凡是草書楷書字形則明確指出。觀點多為學界通說，個別字形則參以己意。

五、重在訓詁

本書解字重在訓詁。包括溝通字際關係和詞際關係，點明詞義的本字和假借字，梳理常用詞的常用義項，系聯同源詞，辨析同義詞，揭示詞義引申規律等。這是本書的精華所在，也是讀者提高文言文閱讀水平最需掌握的要點。

六、旁涉文化

《說文》之注本鮮有旁涉漢字文化之例，本書個別文化詞則點明其背後之文化內蘊，以助讀者加深對字詞之理解。如姓氏之源流演變、古代溝洫制度、國野制、五門三朝制、古代紡織技術、月相等。

序

　　現在「國學熱」正持續發酵，從幼兒園到大學都在背誦詩詞或文言文。甚至電視臺也不時舉辦誦讀比賽表演，唐詩宋詞、《弟子規》、《三字經》都成了「國學」，這很有意思，但至少在現階段是有益的，應該加以鼓勵。不過嚴格來說，對「國學」這個概念早就是有爭議的，現在我們不去討論它，留給專家學者們去爭論吧。在這裡，我只是想提點舊事，即 1906 年前後章太炎先生確曾為他的弟子們開設過「國學講習班」，講授的文史知識範圍不小，而每次都少不了《說文解字》與《爾雅》這類的根柢書。自 1905 年起，章太炎先生就在《國粹學報》上發表若干學術文字，並在東京開設國學講習班。次年在日本編同盟會的機關報《民報》時刊登《國學振興社廣告》，要用「一國固有之學問」來弘揚民族精神。可見章氏所提倡的「國學」應該並未包括梵文與西域文字。至於後來學者又為「國學」擴充了哪些內容，就不是我們討論的問題了。章氏的國學講習班培養了許多國學大家，後來北京大學一些著名的文科教授如黃侃、朱希祖、錢玄同、周樹人、沈兼士等，大多出於章氏門下。最有趣的是 1908 年 4 月，章太炎在東京一所中學的教室裏為中國留學生講授《說文》、《爾雅》，正在日本留學的周氏兄弟很想去聽，但授課時間恰與其俄文課衝突，他們便委託太炎先生的女婿龔寶銓代為請求，希望在週日開一特別班為他們講授《說文》、《爾雅》。太炎先生欣然答應，地點就設在他所居住的《民報》報社內。晚年退出政壇後，太炎先生在蘇州又主持國學講習會，主編《制言》雜誌，培養國學人才。

　　以上我講了這麼多，大家大概至少明白了《說文》、《爾雅》在國學領域中的地位了吧？

今天我們倡言國學，有幾個人會想到《說文》、《爾雅》呢？可見我們的「國學熱」至少應該在《弟子規》與唐詩宋詞的基礎上前進一步了吧？如果說在中小學與電視觀眾中間普及這些知識有困難，那麼在大學、特別是在學習文史專業的大學生中提倡一下總還是應該的吧？

吾友尚鵬先生所著的這本書正是應時而出，適逢其機。此書一出，必將起到很大的推動作用並受到大家的歡迎。

《說文》是做學問的根柢書，清四家注釋此書，哪一個不是焚膏繼晷坐一輩子冷板凳？所以我覺得尚鵬賢友最應表揚的是這種樸學精神。

尚鵬在大學期間聽過我的一些課，記得當時一起選課的還有幾位同學。因他們興趣愛好與學問基礎不太相同，所以我記得自己並未講一些比較專門的東西，當然我自己的水平有限，也講不了什麼有價值的學問，不過是啟蒙而已。但在聽課的學生中，我很快發現尚鵬不但特別用功，而且課餘工夫下得很深，在文字音韻方面幾乎可以做我的老師了，這使我驚喜之餘深感此生將來必成大器！韓文公說：「弟子不必不如師，師不必賢於弟子。」梁啟超在論及清代學者的治學特點時講了一條：「雖弟子駁難本師，不以為忤。」我覺得這一條很適合於我跟尚鵬師弟的關係。我從他身上學到的東西，比我教給他的知識更可貴。他保研之後，得良師指教，學問精進，以至於著述頻出，日漸博大精深，就更是值得我認真學習的了。

尚鵬在《後記》中說他這部書有六個特徵：一、旨在實用；二、濃縮《段注》；三、闡明體例；四、溯源字形；五、重在訓詁；六、旁涉文化。我覺得他概括得很準確。譬如「鳥」部「鳳」字下，除引《說文》原文外，又加了兩個注釋，一個講古音，一個講字的孳乳分化，最後引甲骨文為證，實在是令人佩服！又如「萱」字下注釋中引文竟至有《紅樓夢》的例句。而「茶」字下除引陸羽《茶經》外，還講了一些古音學知識。這些都是超邁前人的。由此可見尚鵬在《說文》研究方面小試鋒芒便覺犀利異常，望吾友在良師教誨益友相助下取得更大成果，為國學基礎教育打下更堅實的基礎，成一家之言，立芝蘭玉樹於學問之巔！

路廣正

2017 年 8 月於山東大學文學院

目

次

第四冊

第六冊

凡　例

　　一、本書以中華書局影印清同治十二年陳昌治刻本為工作底本，以嘉慶十四年孫星衍重刊宋刻大徐本、國家圖書館藏宋刻元修大徐本、清道光年間祁寯藻刻本《說文解字繫傳》（小徐本）為參校本，並參考「說文四大家」以及今人的研究成果。

　　二、本書以現代常見的辭書形式進行編排，以便閱讀、翻檢。

　　三、本書首列楷書字頭，次列原書小篆，篆文據「北師大說文小篆」，其中脫誤及未收錄之篆文，則選用圖片予以補正。小篆後加注漢語拼音。

　　四、本書字頭多列常見隸定字形，隸變字形用括號注明，以便與小篆結構的對照及解說造字理據，如𣦵 chéng（乘）、秊 nián（年）。

　　五、本書字頭後加括號，多用來說明字際關係。括號內者或簡化字、或重文、或通行字、或本字、或後起字、或隸變字形等，要之以提供較多的字際信息為務，不拘定勢。如艸 zào（皂）、㞷 shǐ（屎）、薶 mái（埋）等。

　　六、為便於普通讀者使用，本書一般收現代讀音。個別有字音糾紛者，收古代讀音，即與其反切基本吻合的讀音。如「虫」，古音 huǐ，今音 chóng。本書只列 huǐ 音，不列 chóng 音。

　　七、本書沿徐鉉舊例，卷首加 540 部標目作為目錄。部首之後的數字，為《說文》540 部首的序號。

　　八、本書附《漢語拼音檢字表》，以便於讀者查檢。

許慎與《說文解字》

　　許慎（約 58～147 年），字叔重，東漢汝南召陵（今河南漯河郾城縣）人。漢代傑出的經學家、文字學家，《說文解字》的作者。博學經籍，時人稱之為「五經無雙許叔重」。曾被舉為孝廉，官太尉府南閣祭酒，世稱「許祭酒」。師事經學家賈逵，精通篆籀古文。唐張彥遠《法書要錄》：「慎少好古學，書正文字，尤善小篆，師模李斯，甚得奇妙。」東漢時古文經學取得了長足的發展，作為古文經學派的一代宗師，鑒於當時今文經學派臆解經義、社會上用字混亂的情況，許氏作《說文解字》以匡之。

　　許慎對文字學做出了不朽的貢獻，後人尊稱他為「字聖」（河南有「四聖」，即「詩聖」杜甫，「藥聖」張仲景，「畫聖」吳道子）。許慎所著的《說文解字》聞名於世界，所以研究《說文解字》的人，皆稱許慎為「許君」，稱《說文解字》為「許書」，稱其學為「許學」或「《說文》學」。此外，許慎還著有《五經異義》十卷，現已亡佚，清代陳壽祺有輯注本。還撰有《淮南鴻烈注》二十一卷，現也亡佚，清代陶方琪有輯存。

　　《說文解字》簡稱《說文》，是許慎編著的文字工具書。創稿於漢和帝永元十二年（100 年），成於漢安帝建光元年（121 年），許慎去世後，由其子許沖獻於朝廷，共歷時二十多年。《說文解字》是中國歷史上第一部按部首編排的字典（也是第一部篆書字典，後世小篆字形多賴以保存），收篆書 9,353 個，重文（即異體字）1,163 個，共 10,506 字，說解共 133,441 字，原書分為目錄一篇和正文 14 篇。原書現已亡佚，今存世者乃北宋徐鉉於雍熙三年（986 年）校訂完成的版本（稱為「大徐本」），宋以後的《說文》研究著作多以此為藍本。它首創 540 個部首統轄所收漢字，開啟了部首檢字法的

先河，後世之大型字書多沿用其體例。段玉裁《說文解字注》：「五百四十字可以統攝天下古今之字，此前古未有之書，許君之所獨創。」它的出現標誌著中國字典學真正成為獨立的學科。

《說文解字》是中國歷史上第一部成系統的文字學著作，開創了文字學研究的先河。首創「六書」理論系統地分析小篆字形，奠定了中國文字學的理論基礎。通過分析較古的小篆字形而尋求古義，從根本上反駁了今文經學家隨意根據隸書字體解析漢字形體、說解字義的弊端，也反駁了今文經學家認為漢代的隸書就是古人造字時的字形的僵化觀念。顏之推《顏氏家訓》：「許慎檢以六文，貫以部分，使不得誤，誤則覺之。……若不信其說，則冥冥不知一點一畫，有何意焉。」如「由」「希」等字，因《說文》未收，其造字理據至今未知。

《說文解字》也是文獻語言學的奠基之作，在中國語言學史上有極其重要的地位。它是中國「四大訓詁專書」之一，地位僅次於《爾雅》。《說文解字》以探討字的本義為主，是形訓這一訓詁方法的具體實踐和集大成之作。同時保存了大量先秦的古字古義和漢代的文字訓詁，反映了上古漢語詞彙的基本面貌，在訓詁學上也有極其重要的價值。

卷一上

十四部 六百七十二文 重八十一 凡萬六百三十九字 文三十一新附

一部

一 一 yī　　惟初太始，道立於一。造分天地 [1]，化成萬物。凡一之屬皆从一。〔於悉切〕元古文一 [2]。

【注釋】

[1]《廣雅》：「造，始也。」當為「肇」之假借。段注：「造字之初，先有數而後有文，一二三畫如其數，是為指事字，亦為象事。」許慎「六書」之次序指事在象形之前，原因就在於指事符號先於象形文字產生。

[2] 段注：「小篆之於古、籀，或仍之，或省改之。仍者十之八九，省改者十之一二而已。仍則小篆皆古、籀也，故不更出古、籀，省改則古、籀非小篆也，故更出之。」
據段注，《說文》大部分小篆未列古文、籀文字形，乃小篆與古文、籀文同形，並非無古文、籀文字形。陸宗達《說文解字通論》亦有類似表述，蓋本段注。

元 元 yuán　　始也 [1]。从一，从兀 [2]。〔徐鍇曰：元者，善之長也，故从一。〕〔愚袁切〕

【注釋】

[1] 金文作元，突出頭部。元之本義為人頭，今有「元首」，元者，首也。「狀元」又叫「狀頭」「狀首」。《孟子》：「志士不忘在溝壑，勇士不忘喪其元。」開始乃

其引申義，如「元旦」「元始天尊」「元年」等。元、源、原皆有開始義，同源詞也。

元有大義，如《冊府元龜》，元龜者，大龜也，可資借鑒，故商人以之占卜。《周易・坤卦》：「黃裳，元吉。」元吉，大吉也。唐人有李元吉，宋人有黃裳，武俠劇中黃裳撰道家絕頂武功秘籍《九陰真經》。從元之字、之音多有大義，如黿，大龜也；願，大頭也。元有善良義，如「元元」「黎元」，皆謂黎民百姓。《爾雅》：「元、良，首也。」元、良皆有善、首義，同步引申也。

[2] 古者元、兀一字，皆為人首也。高鴻縉《中國字例》：「元、兀一字，意謂人之首，從人，而以點或二指明其部位，指事字也。」

段注：「凡文字有義有形有音，《爾雅》已下，義書也。《聲類》已下，音書也。《說文》，形書也。凡篆一字，先訓其義，若始也、顛也是。次釋其形，若從某、某聲是。次釋其音，若某聲及讀若某是。合三者以完一篆，故曰形書也。」

天 兲 tiān　　顛也。至高無上。从一、大。〔他前切〕

【注釋】

顛也，此聲訓也。從一、大，於六書為指事。甲骨文作 𡗜，金文作 𡗜，皆突出人之頭部。王國維《觀堂集林》：「古文天本象人形，本謂人顛頂，所以獨墳其首者，正特著其所象之處也。」故天之本義為人頭頂，甲骨文天、元明顯為二字，初不當表一義，意義混同是後來之事。

《周易・睽卦》：「其人天且劓。」馬融注：「黥鑿其額曰天。」今頭頂叫作天靈蓋，古有天刑，即砍掉天靈蓋之刑罰。古有刑天者，得名於砍去其首，《山海經》：「刑天與帝至此爭神，帝斷其首。」陶淵明《讀山海經》：「刑天舞干戚，猛志固常在。」刑天是砍掉整個頭。「天」後有頭義，頭頂、頭二義乃相鄰引申也。

「天」引申出在上的、重要的之義，今有「民以食為天」者，謂人們把吃飯當作最重要的事情。古代女子視丈夫為「天」，女子改嫁叫「二天」，猶謂換了一個在自己頭頂上的人。

段注：「顛者，人之頂也，以為凡高之稱，然則天亦可為凡顛之稱。臣於君、子於父、妻於夫、民於食皆曰天是也。」

丕 丕 pī　　大也。从一，不聲。〔敷悲切〕

【注釋】

常用義是大。《爾雅》:「丕，大也。」《楊家將演義》中有呼延贊之子呼延丕顯，丕顯者，大亮也。曹丕字子桓，桓亦大也，名、字相關也。今有「丕業」「丕變」，謂大業、大變也。

甲骨文不、丕同字，故二字常通用，後分化異用。作連詞，乃也，於是也，《尚書》:「先後丕降與汝罪疾。」作語氣詞，《尚書》:「女丕遠惟商耇成人。」

吏 lì　治人者也。从一，从史，史亦聲。〔徐鍇曰：吏之治人，心主於一，故从一。〕〔力置切〕

【注釋】

史者，記事者也。吏者，治人者也，有別。史、吏、事、使，甲骨文本一字，後分化。古者官、吏有別，官是高級官員，吏是下層辦公人員。宋江為「鄆城小吏」，宋代押司乃衙門裏的書吏，也即書寫文書的人員，相當於今之文秘、文案。

漢代的吏一般要服務於本地，叫「郡縣吏」。漢樂府《陌上桑》「十五府小吏，二十朝大夫」描述的即此景。春秋以前，大小官員都可以稱為吏。戰國以後，一般指低級的官。見「官」字注。

文五　重一

丄部

丄 shàng（上）　高也。此古文上，指事也。凡丄之屬皆从丄。〔時掌切〕 篆文丄。

【注釋】

段注改字頭為二，甲骨文、金文皆同，可從。

上者，高也。故天謂之上，《尚書》:「昭陞於上。」故可代指帝王，今有「皇上」。縱為高，橫則為長。上，前也、遠也，謂次序在前也，「上世之君」謂前世也，「上古」謂遠古也。又進獻謂之上，如「上之於朝廷」。上、尚同源，《尚書》謂上古之書。「上農」即尚農也。

段注:「凡《說文》一書，以小篆為質，必先舉小篆，後言古文作某。此獨先舉古文後言小篆作某，變例也。以其屬皆从古文上，不从小篆上，故出變例而別白言之。」

帝 帝 dì　　諦也 [1]。王天下之號也。从丄，朿聲。〔都計切〕帝 古文帝 [2]。古文諸丄字皆从一，篆文皆从二。二，古文上字。辛、示、辰、龍、童、音、章，皆从古文上。

【注釋】

[1] 聲訓也，朱駿聲《說文通訓定聲》引《風俗通》：「帝者，任德設刑以則象之，言其能行天道，舉措審諦。」

[2] 甲骨文作帝，象花蒂之形，花蒂即花托，也叫花柎，指馱著花、果的圓形疙瘩底座。

帝乃花蒂之本字。今有「瓜熟蒂落」「並蒂蓮」，象蒂之物也叫蒂，今有「陰蒂」「煙蒂」。《詩經》：「棠棣之華，鄂不韡韡。」「不」即「柎」字，甲骨文作帝，與帝字實同一字。見後「不」字注。

㫄 㫄 páng（旁、雱）　　溥也 [1]。从二（丄），闕，方聲。〔步光切〕㫄 古文旁。㫄 亦古文旁。㫄 籀文 [2]。

【注釋】

[1] 隸定字形作㫄，隸變字形作旁。旁的本義是廣大、普遍，今有「旁徵博引」，保留本義。旁側義乃後起。旁側多不正，故引申出不正義，今有「旁門左道」。從旁之字多有盛大義，見後「驍」字注。

段注：「《廣雅》曰：旁，大也。按旁讀如滂，與溥雙聲，後人訓側，其義偏矣。」

[2]《詩經》：「雨雪其雱。」毛傳曰：「雱，盛貌。」雱、旁本一字，後分別異用。

丅 丅 xià（下）　　底也。指事。〔胡雅切〕丅 篆文丅。

【注釋】

《說文》無「低」字，底即「低」字。

常用義有「到……去」，《史記》：「使李斯下韓。」李白詩：「煙花三月下揚州。」「上」「下」皆有此義，今有「上地幹活」，也說「下地幹活」。又指攻克、攻下，李白詩：「東下齊城七十二。」「陷」亦有此義，同步引申也。又作謙辭，如「正中下懷」。又有退讓義，今有「各不相下」。

文四　重六

示部

示　示 shì　　天垂象，見吉凶，所以示人也。從二。二，古文上字。三垂，日月星也。觀乎天文以察時變，示神事也。凡示之屬皆从示。〔神至切〕川 古文示。

【注釋】

甲骨文作 丁，象神主（牌位）之形。故從示之字多跟鬼神、祭祀有關。

祜　祜 hù　　上諱。〔臣鉉等曰：此漢安帝名也。福也。當从示，古聲。〕〔候古切〕

【注釋】

本義是福。《爾雅》：「祜，福也。」《詩經》：「受天之祜。」「多祜」謂多福也。

古代避諱，一般情況，皇帝已故五世的祖宗不諱，宋代避諱嚴格，把避諱的皇帝延伸到了七代及其以上，且不但避真名，也避嫌名。但也有照諱的，唐代人們一直避李世民的諱，五世以後出於保險、尊敬、習慣等還照諱不誤。清代刻書也一直避康熙之諱，「玄」或改為「元」，或缺筆。科舉考試有《敬避字樣》，供舉子查詢應避帝王之字。

禮　禮 lǐ（礼）　　履也，所以事神致福也。从示，从豊，豊亦聲。〔靈啟切〕川古文禮。

【注釋】

今簡化字作礼，乃俗字系統中重新啟用古字形也。履也，聲訓也。禮是人們所遵循的，故稱。中國古代有禮樂文化，禮是約束人的，樂是讓人輕鬆的，二者相輔相成，一張一弛，中庸之道。

甲骨文作 豊，李孝定《甲骨文字集釋》：「以言事神之事則為禮，以言事神之器則為豊，以言犧牲玉帛之腆美則為豐，其始實為一字。」

禧　禧 xī　　禮吉也。从示，喜聲。〔許其切〕

【注釋】

常用義福也，吉祥也。

禎 禎 zhēn　　以真受福也。从示，真聲。〔側鄰切〕

【注釋】

真，誠也。「以真受福也」，此通訓，即聲訓之一種。通訓非用單字釋單字，而是用句子釋單字，且解釋的文字中有和被解釋字音同義關之字。

雍正皇帝名胤禛，康熙皇帝的兒子名字多從示旁。清代十帝王名字皆類似漢名，最後一個字是名，名前是輩分，雖不如明代帝王取名嚴格按照五行相生之原理，但亦可見其受漢文化影響之一斑。

段注：「此亦當云从示、从真、真亦聲，不言者省也，聲與義同原。故諧聲之偏旁多與字義相近。此會意、形聲兩兼之字致多也。《說文》或稱其會意，略其形聲。或稱其形聲，略其會意。雖則省文，實欲互見。不知此則聲與義隔，又或如宋人《字說》，只有會意，別無形聲，其失均誣矣。」

祿 祿 lù　　福也。从示，彔聲。〔盧谷切〕

【注釋】

本義是福，引申為官吏的薪俸。今有「俸祿」「無功不受祿」。

禠 禠 sī　　福也。从示，虒聲。〔息移切〕

【注釋】

本義是福，《爾雅》：「禠，福也。」

禎 禎 zhēn　　祥也。从示，貞聲。〔陟盈切〕

【注釋】

舊讀 zhēng。本義是吉祥。「福祿禎祥」皆福之謂也。

祥 祥 xiáng　　福也 [1]。从示，羊聲。一云：善 [2]。〔似羊切〕

【注釋】

[1] 本義是吉凶之徵兆。《左傳》：「是何祥也，吉凶安在？」不好的徵兆叫「妖祥」，好的叫「吉祥」。「吉祥」常連用，故「祥」後來僅表吉。

段注：「凡統言則災亦謂之祥，析言則善者謂之祥。」羊是吉祥物，故從羊，兼義也。

[2] 許書凡有「一曰」者，多非許書原義，乃後人所增。許書本旨乃分析字形來解字之本義，一個字不可能有多個本義。段注：「鉉本此下有『一云：善』三字。淺人所增，一書中此類不少。」

「祥」有善義，善者，吉也。《爾雅》：「祥，善也。」「吉」有吉祥義，也有善義。同步引申也。「發祥」指興起、發生，泛指開始建立基業或興起。語出《後漢書・班固傳》：「發祥流慶，對越天地者，烏奕乎千載。」

古代父母死後十三個月而祭祀，叫作小祥，可以改善一下生活水平了。二十五個月祭祀叫作大祥，表示服喪期滿可以過正常人的生活了。古人給父母服喪名義上三年，其實是二十五個月，即達三個年頭。

祉 祉 zhǐ　　福也。从示，止聲。〔敕里切〕

【注釋】

《爾雅》：「祉，福也。」今有「福祉」，同義連文。

福 福 fú　　祐也。从示，畐聲。〔方六切〕

【注釋】

本義是幸福。祭祀神的肉亦謂之福，《國語》：「驪姬受福。」《說文》：「胙，祭福肉也。」「福肉」同義連文。

祐 祐 yòu（佑）　　助也。从示，右聲。〔于救切〕

【注釋】

祐，經典作佑。

祺 祺 qí　　吉也。从示，其聲。〔渠之切〕禥 籀文从基。

【注釋】

本義是吉祥、福。

祇祇 zhī　　敬也。从示，氏聲。〔旨移切〕

【注釋】

本義是恭敬，常「祇敬」連用。今有「祇仰」「祇候光臨」。又表示僅僅、只義，這個意義常寫作「祇」「衹」「秖」。宋代以後多作「只」。

禔禔 zhī　　安福也。从示，是聲。《易》曰：禔既平。〔市支切〕

【注釋】

一句數讀。安也，福也。康熙帝皇長子名胤禔，雍正帝異母長兄。

神神 shén　　天神，引出萬物者也。从示，申聲。〔食鄰切〕

【注釋】

天神謂之神，地神謂之祇。段注：「天、神、引三字同在古音第十二部。」「引出萬物者也」即通訓，見前「禛」字注。

祇祇 qí　　地祇，提出萬物者也。从示，氏聲。〔巨支切〕

【注釋】

天神謂之神，地神謂之祇，今常「神祇」連用。見上「祇」「神」字注。

祕祕 mì（秘）　　神也。从示，必聲。〔兵媚切〕

【注釋】

祕，後作秘。本義是神靈，引申為神秘義。「秘」有阻止義，今有「便秘」。段注：「《魯頌》：閟宮有侐。箋曰：閟，神也。此謂假借閟為祕也。」

齋齋 zhāi（斋）　　戒潔也。从示，齊省聲。〔側皆切〕齋 籀文齋，从𩜁省。𩜁音禱。

【注釋】

連篆為讀。齋戒，潔也。斋乃齋之草書楷化字形。本義是齋戒，書齋乃後起義。捨飯給僧人亦謂之齋，如「齋飯」「齋僧」。

段注:「《祭統》曰:齋之為言齊也,齊不齊以致齊者也。齋戒或析言,如七日戒,三日齋是。此以戒訓齋者,統言則不別也。減齊之二畫,使其字不繁重也。凡字有不知省聲,則昧其形聲者,如融、蠅之類是。凡籀文多繁重。」

禋 禋 yīn　　潔祀也。一曰:精意以享為禋。从示,垔聲。〔於真切〕禋籀文,从宀。

【注釋】

古代的祭祀名,指祭天,泛指祭祀。

段注:「凡義有兩岐者,出一曰之例。《山海經》《韓非子》《故訓傳》皆然,但《說文》多有淺人疑其不備而竄入者。」

祭 祭 jì　　祭祀也。从示,以手持肉。〔子例切〕

【注釋】

段注:「統言則祭祀不別也。此合三字會意也。」

祀 祀 sì　　祭無已也。从示,巳聲。〔詳里切〕禩祀,或从異。

【注釋】

不停地祭祀。

段注:「析言則祭無已曰祀。从巳而釋為無已,此如治曰亂,徂曰存。終則有始之義也。」

由於一年不停祭祀,故引申出年義,《爾雅》:「夏曰歲,商曰祀,周曰年,唐虞曰載。」《尚書》:「惟十有三祀,王訪於箕子。」康熙帝第八子胤禩,即「八爺黨」首領,與「四爺黨」雍正爭皇位者。是清代仍有用禩字者。

柴 柴 chái　　燒柴焚燎以祭天神。从示,此聲。《虞書》曰:至於岱宗,柴。〔仕皆切〕禷古文柴,从隋省。

【注釋】

燒柴祭天。

段注:「柴與祡同此聲,故燒柴祭曰祡。《釋天》曰:祭天曰燔柴。《祭法》曰:

—11—

燔柴於泰壇,祭天也。」

禷 禷 lèi　　以事類祭天神。从示,類聲。〔力遂切〕

【注釋】

古代因特殊事情祭祀天神。

祪 禗 guǐ　　祔、祪,祖也。从示,危聲。〔過委切〕

【注釋】

祔謂新死者的牌位遷於祖廟,祪謂毀掉的牌位(即已毀廟的遠祖)遷於太廟。見後「祧」字注。段注:「祔謂新廟,祪謂毀廟,皆祖也。」

祔 禗 fù　　後死者合食於先祖。从示,付聲。〔符遇切〕

【注釋】

合食謂一塊祭祀。奉新死者的牌位於祖廟,與祖先的牌位一起祭祀,泛指合葬。

祖 禗 zǔ　　始廟也。从示,且聲。〔則古切〕

【注釋】

本義是祖廟。引申為祖宗義。開國為祖,繼祖為宗。有大功也稱祖,如明成祖朱棣、清聖祖康熙。引申有開始義,《爾雅》:「祖,始也。」《莊子》:「浮遊乎萬物之祖。」引申有效法義,如「祖述堯舜,憲章文武」。餞行祭路神亦謂之祖,今有「祖餞」。

段注:「始兼兩義,新廟為始,遠廟亦為始,故祔、祪皆曰祖也。《釋詁》曰:祖,始也。《詩》毛傳曰:祖,為也。皆引申之義。如初為衣始,引申為凡始也。」

禫 禫 bēng(祊)　　門內祭,先祖所以彷徨。从示,彭聲。《詩》曰:祝祭於禫。〔補盲切〕禓 或从方。

【注釋】

今通行重文祊。指古代在宗廟門內舉行的祭祀,也指門內設祭之處。

祰 祰 gào 　　告祭也。从示，从告聲。〔苦浩切〕

【注釋】

段注：「告祭謂《王制》天子諸將出，造乎禰。《曾子問》諸侯適天子，必告於祖，奠於禰。諸侯相見，必告於禰，反必親告於祖禰。」

古文獻在這個意義上一般寫作「告」或「造」。指告祭祖先。

祐 祐 shí 　　宗廟主也。《周禮》有郊、宗、石室。一曰：大夫以石為主。从示，从石，石亦聲。〔常隻切〕

【注釋】

宗廟裏收藏牌位的石匣。盛神主的石匣謂之祐，後神主亦謂之祐，相鄰引申也。「大夫以石為主」，此別一義也，大夫用石頭做成的神主謂之祐。

《左傳》：「命我先人典司宗祐。」杜預注：「宗祐，宗廟中藏主石室。」孔疏：「慮有非常火災，於廟之北壁內為石室以藏木主，有事則出而祭之。既祭，納於石室。」

祕 祕 bǐ 　　以豚祠司命。从示，比聲。《漢律》曰：祠祕司命。〔卑履切〕

【注釋】

段注：「《祭法》注曰：司命，小神，居人之間，司察小過，作譴告者，主督察三命，今時民家或春秋祀司命。」

祠 祠 cí 　　春祭曰祠。品物少，多文詞也。从示，司聲。仲春之月，祠不用犧牲，用圭璧及皮幣。〔似茲切〕

【注釋】

本義是春天的祭祀，後泛指祭祀，也指祠堂，如「立祠」「宗祠」。

周代，春天的祭祀叫祠，夏天的祭祀叫礿，秋天的祭祀叫嘗，冬天的祭祀叫烝。夏殷二代，則春天的祭祀叫礿，夏天的祭祀叫禘。《爾雅·釋天》曰：「春祭曰祠，夏祭曰礿，秋祭曰嘗，冬祭曰烝。」孫炎注：「祠之言食；礿，新菜可汋；嘗，嘗新穀；烝，進品物也。」

礿 礿 yuè 　　夏祭也。从示，勺聲。〔以灼切〕

【注釋】

見上「祠」字注。

禘　禘dì　諦祭也。从示，帝聲。《周禮》曰：五歲一禘。〔特計切〕

【注釋】

古代帝王或諸侯在始祖廟裏對祖先的一種盛大祭祀。

祫　祫xiá　大合祭先祖親疏遠近也。从示、合。《周禮》曰：三歲一祫。
〔侯夾切〕

【注釋】

天子諸侯宗廟大祭，即大合祭也。古代天子或諸侯把遠近祖先的神主集合在太廟
裏進行祭祀。

祼　祼guàn　灌祭也。从示，果聲。〔古玩切〕

【注釋】

用酒灌注在地上。

段注：「《周禮》注曰：祼之言灌，灌以鬱鬯，謂始獻尸求神時，周人先求諸陰
也。」

禷　禷cuì　數祭也。从示，毳聲。讀若春麥為禷之禷。〔臣鉉等曰：春麥
為禷，今無此語，且非異文，所未詳也。〕〔此芮切〕

【注釋】

段注：「凡言讀若者，皆擬其音也。凡傳注言讀為者，皆易其字也。注經必兼茲
二者，故有讀為，有讀若。讀為亦言讀曰，讀若亦言讀如。字書但言其本字本音，故
有讀若，無讀為也。讀為、讀若之分，唐人作正義已不能知，為與若兩字，注中時有
訛亂。」

段注以偏概全，《說文》一書，用「讀若」破假借者甚多，絕非注音巧合用了
通假字，見相關字下之注。這一點前人多有論述，此不贅。如錢大昕《十駕齋養新
錄》：「《說文》云讀若者，皆經典通用之字。」

祝 祝 zhù　　祭主贊詞者。从示，从人、口。一曰：从兑省。《易》曰：兑為口、為巫。〔之六切〕

【注釋】

贊，告也。祭祀時主持向神禱告的人，即今之司儀。引申為禱告，先秦之祝兼好壞兩義，祝福謂之祝，詛咒亦謂之祝，後來分化出咒字，專表咒罵義。

甲骨文作，象人跪坐祭壇前。郭沫若《卜辭通纂》：「象跪有所禱告之形。」常用義是斷絕，如「祝髮文身」「祝髮為僧」。「祝」「殊」一語之轉，「殊」亦有斷義，《廣雅》：「殊，斷也。」

段注：「一曰：从兑省。此字形之別說也。凡一曰，有言義者，有言形者，有言聲者。引《易》者，《說卦》文。兑為口舌、為巫，故祝从兑省。此可證慮羲先倉頡製字矣。凡引經傳，有證義者，有證形者，有證聲者，此引《易》證形也。」

襺 襺 liù　　祝襺也。从示，留聲。〔力救切〕

【注釋】

祝襺，祈禱念咒以治病。

祓 祓 fú　　除惡祭也。从示，犮聲。〔敷勿切〕

【注釋】

古代用齋戒沐浴等方法除災求福，亦泛指掃除。「祓濯」謂洗濯。「祓除」謂古代除凶去垢的儀式。「祓禊」，古代民俗，到水濱洗濯，洗去宿垢。《蘭亭序》所描述的「修禊事也」，即此祭祀活動。

祈 祈 qí　　求福也。从示，斤聲。〔渠稀切〕

【注釋】

本義是向神求福，泛指請求，如「敬祈照准」。段注：「古音在十三部，音芹。此如旂字，古今音異。」

禱 禱 dǎo　　告事求福也。从示，壽聲。〔都浩切〕禱禱或省。禱籀文禱。

【注釋】

本義是禱告求福。引申出盼望義，書信用語，如「盼禱」「是所至禱」。

禜 𩃀 yòng　　設綿蕝為營，以禳風雨、雪霜、水旱、癘疫於日月星辰山川也。從示，榮省聲。一曰：禜衛，使災不生。《禮記》曰：雩，禜，祭水旱。〔為命切〕

【注釋】

本義是祭祀名，聚草木而束之，圍成祭祀場所，向日月星辰求福，禳除雪旱霜災等。「一曰：禜衛，使災不生」，今「榮衛」之本字也。

「榮衛」為中醫學名詞，榮指血的循環，衛指氣的周流。榮氣行於脈中，屬陰；衛氣行於脈外，屬陽。榮衛二氣散佈全身，內外相貫，運行不已，對人體起著滋養和保衛作用。引申出營衛、保衛。

禳 禳 ráng　　磔禳祀，除癘殃也。古者燧人禜子所造。從示，襄聲。〔汝羊切〕

【注釋】

攘，除也。同源詞也。《周禮》注曰：「卻變異曰禳。禳，攘也。」

禬 禬 guì　　會福祭也。從示，從會，會亦聲。《周禮》曰：禬之祝號。〔古外切〕

【注釋】

古代為消災除病而舉行的祭祀。《周禮》注曰：「除災害曰禬。」

禪 禪 shàn　　祭天也。從示，單聲。〔時戰切〕

【注釋】

在泰山上築土為壇，報天之功，稱封；在泰山下的梁父山闢場祭地，報地之德，稱禪。從「單」之字多有大義，見「單」字注。

段注：「凡封土為壇，除地為墠。古封禪字蓋只作墠。項威曰：除地為墠，後改墠曰禪，神之矣。服虔曰：封者，增天之高，歸功於天。禪者，廣土地。應劭亦云：封為增高，禪為祀地。惟張晏云：天高不可及，於泰山上立封，又禪而祭之，

冀近神靈也。」

禦 yù（御）　　祀也。从示，御聲。〔魚舉切〕

【注釋】

　　抵禦災禍的祭祀。戴侗《六書故》：「祀以禦沴也，引而申之，凡捍禦皆曰禦。」今簡化作御，古御、禦為二字，意義有別。段注：「後人用此為禁禦字，古只用御字。」駕車馬、皇帝義，如「御駕親征」「御人」，不能作禦，抵禦義可通用。見後「御」字注。

　　禦本義是祭祀，引申為抵擋義，引申為阻止義，《爾雅》：「禦，止也。」《左傳》：「孔張後至，立於客間，執政禦之。」

祪 huò　　祀也。从示，昏聲。〔古末切〕

【注釋】

　　昏，隸變多作舌，如話、活、适、括等字。

禖 méi　　祭也。从示，某聲。〔莫杯切〕

【注釋】

　　禖者，高禖神也。禖，媒也。求子之祭祀。

　　段注：「《大雅》傳曰：古者必立郊禖焉，玄鳥至之日，以大牢祀於郊禖，天子親往，后妃率九嬪御。乃禮天子所御，帶以弓韣，授以弓矢，於郊媒之前。高辛氏之世，玄鳥遺卵，娀簡吞之而生契，後王以為媒官嘉祥，而立其祠焉。變媒言禖，神之也。」

禂 xǔ　　祭具也。从示，胥聲。〔私呂切〕

【注釋】

　　祭神用的精米。

祳 shèn　　社肉盛以蜃，故謂之祳。天子所以親遺同姓。从示，辰聲。《春秋傳》曰：石尚來歸祳。〔時忍切〕

【注釋】

　　段注：「脤，祭社之肉，盛之以蜃。蜃、祳疊韻，經典祳多从肉作脤。《詩·綿》

箋、《掌蜃》注徑用蜃為祳字。」

祴 禧 gāi　　宗廟奏祴樂。从示，戒聲。〔古哀切〕

禡 禡 mà　　師行所止，恐有慢其神，下而祀之曰禡。从示，馬聲。《周禮》曰：禡於所征之地。〔莫駕切〕

【注釋】

古代行軍在軍隊駐紮的地方舉行的祭禮。段注：「《釋天》曰：是禷是禡，師祭也。《王制》注云：為兵禱。」

禂 禂 dǎo　　禱牲馬祭也。从示，周聲。《詩》曰：既禡既禂。〔都皓切〕騔 或从馬，壽省聲。

【注釋】

禂，禱也。為馬禱無疾。泛指為牲畜肥壯而祭禱，如「禂牲禂馬」。

社 社 shè　　地主也 [1]。从示、土。《春秋傳》曰：共工之子句龍為社神。《周禮》：二十五家為社，各樹其土所宜之木 [2]。〔常者切〕祍 古文社。

【注釋】

[1] 地主，指土地之神的神主。《玉篇》：「社，土地神主也。」社主從材料上說有三種，有土主、石主、樹主，《說文》所釋即為樹主。國亡則毀其社，《公羊傳》：「亡國之社，掩其上而柴其下。」漢蔡邕《獨斷》：「亡國之社，屋之掩其上，使不通天；柴其下，使不通地，自與天地絕也。面北向陰，示滅亡也。」今「社稷」者，土神與穀神也，二神最為重要，故作為國家的代稱。古代土地神和祭祀土地神的地方、日子以及祭禮都叫社，如「春社」，祭神以求豐收。「秋社」，豐收以後報神。「社火」謂民間在節日演的各種雜戲。

[2] 社即古代祭拜土地神的土壇。從土，土亦聲。甲骨文作𝝮，與土同字。郭沫若《甲骨文字研究》：「土為古社字。」

段注：「社者土地之主，土地廣博，不可徧敬，封五土以為社。」《論語》：「哀公問社於宰我，宰我對曰：夏后氏以松，殷人以柏，周人以栗。」

夏后氏以松為社樹，殷商以柏為社樹，周人以栗為社樹。又指古代的一種居民

組織，二十五家為社。

禓 禓 yáng　　道上祭。从示，易聲。〔與章切〕

祲 祲 jìn　　精氣感祥。从示，侵省聲。《春秋傳》曰：見赤黑之祲。〔子林切〕

【注釋】

祥、祲皆兼吉凶，後祥專指吉，祲專謂不祥之氣、妖氛，如「休祲」。休，吉祥。「祲兆」謂不祥之兆。《戰國策·唐雎不辱使命》：「懷怒未發，而休祲降於天。」

禍 禍 huò　　害也，神不福也。从示，咼聲。〔胡果切〕

【注釋】

本義是災禍，引申出損害義，今有「禍國殃民」。

祟 祟 suì　　神禍也。从示，从出。〔雖遂切〕 禱 籀文祟，从𥜽省。

【注釋】

鬼神作的災禍，今有「作祟」，猶作災也。

祆 祆 yāo（祅、妖）　　地反物為祆也。从示，芺聲。〔於喬切〕

【注釋】

祆，後作祅，經典通作妖。土地違反萬物的常性即祅。「妖祥」謂凶吉的徵兆。引申為豔麗，今有「妖冶」「妖嬈」，謂豔麗而不莊重也。

段注：「天反時為災，地反物為妖，民反德為亂，亂則妖災生。衣服歌謠艸木之怪謂之祆，禽獸蟲蝗之怪謂之蠥。」

祘 祘 suàn　　明視以筭之。从二示。《逸周書》曰：士分民之祘，均分以祘之也。讀若筭。〔蘇貫切〕

【注釋】

筭，算之異體字。蒜者，祘也，以其有瓣可分也，故名蒜。皆同源詞也。祘實乃

算之初文。「讀若筭」者，許書有以讀若破假借之例。

禁 禁 jìn　　吉凶之忌也。从示，林聲。〔居蔭切〕

【注釋】

引申為皇帝居住的地方，今有「紫禁城」「禁中」「宮禁」「禁軍」。

禫 禫 dàn　　除服祭也。从示，覃聲。〔徒感切〕

【注釋】

古代服喪滿二十五個月舉行的祭祀為大祥祭，二十七個月舉行的除去喪服的祭祀即為禫祭。

段注：「《士虞禮記》曰：中月而禫。注：中猶間也。禫，祭名也。與大祥間一月，自喪至此凡二十七月。禫之言澹，澹然平安意也。」

文六十　重十三

禰 禰 nǐ　　親廟也。从示，爾聲。一本云：古文禮也。〔泥米切〕

【注釋】

父廟也。古代對已在宗廟中立牌位的亡父的稱謂。父死稱考，入宗廟稱禰。爾聲兼義，鈕樹玉《說文新附考》：「父廟於七廟中為最近於己，故稱爾，後人加示旁。」

祧 祧 tiāo　　遷廟也。从示，兆聲。〔他雕切〕

【注釋】

祧謂古代遠祖的廟。遷廟為祧，所遷之廟亦為祧，故祧又為遠祖廟之稱。

古代要把隔了幾代的祖宗的牌位遷入遠祖廟，因親屬關係比較遠了，所以要「挑」出來，這叫「親盡而毀」「親盡則祧」。超出了與現任皇帝的親緣關係的皇帝牌位，要放到太廟後面的偏殿（即祧廟）中單獨供奉。周代天子只有七廟，即太廟裏只能供七個皇帝，唐朝是九廟，把太廟增加到了九個位置，明朝也是九廟。

歷代帝王為維護儒教宗法制度，皆有太廟。周代設七廟供奉七代祖先，始祖廟居中，左三昭，右三穆，後以「七廟」為王朝的代稱。

「七廟」由始祖廟、二祧廟、四親廟組成。四個近親廟即父、祖、曾祖、高祖廟。高祖之父、高祖之祖二廟最終是要被挑出去放到遠祖廟裏去，故叫二祧廟。遠廟者，別於四親為近廟。《禮記・祭法》：「遠廟為祧。」孫希旦集解：「蓋謂高祖之父，高祖之祖之廟也。」

《禮記・祭法》：「是故王立七廟，曰考廟，曰王考廟，曰皇考廟，曰顯考廟，曰祖考廟，皆月祭之。遠廟為祧，有二祧，享嘗乃止。」考廟即父廟，王考廟是大父即祖父廟，皇考廟即曾祖父廟，顯考廟即高祖父廟，祖考廟是始祖之廟。其他二廟為祧廟。

《禮記・王制》：「天子七廟，三昭三穆，與太祖之廟而七。諸侯五廟，二昭二穆，與太祖之廟而五。大夫三廟，一昭一穆，與太祖之廟而三。士一廟，庶人祭於寢。」諸侯之廟有五，即始祖廟，這是不遷之廟；另有高、曾、祖、父四親廟，為代遷之廟。古代庶人無宗廟，祭祀在寢室行禮，猶家祭。

孔穎達疏：「王立七廟者，親四，始祖一，文武不遷，合為七廟也。」

「文武不遷」，這裡稍作解釋。周天子七廟，諸侯五廟，多出來的這兩個廟是文王、武王之廟，文王、武王本來是二祧廟，是要挑出去的，但文王、武王是周朝的實際締造者，跟始祖后稷的地位一樣，故其二廟並不遷到祧廟去。周代天子的祖廟保留七位祖先的牌位，始祖廟（后稷），二祧廟（文王、武王），和四個近親廟組成，因文王、武王功勞大，二祧廟和始祖廟一樣，是萬世不挑的。這與後代稍不一樣，其他朝代的二祧是要挑出去放遠祖廟的。

周天子之廟有七，始祖后稷和二祧文王、武王，此為不遷之廟；其他高、曾、祖、父為代遷之廟。因為某一皇帝的高、曾、祖、父到了自己兒子一輩，高祖就成了高高祖，不在四親廟之中了；到了孫子，連原來的曾祖也退出四親。因此，四親廟隨著輩份的降低而代遷，它們非永遠不遷之廟，不能像始祖和文王、武王那樣，永遠待在太廟。

後代的「祧廟」還有其他內涵。皇帝祭祀祖先要追祭到開國皇帝，那麼開國皇帝的祖輩如何安置？這些祖輩畢竟不是皇帝，牌位自然不能放太廟。只能另設一廟，專供開國皇帝以前的祖先，這廟就叫「祧廟」。今北京市勞動人民文化宮是明清時的太廟。前殿稱享殿，是皇帝祭祀時行禮的地方；中殿稱寢殿，供奉歷代帝后神位；後殿稱祧廟，供奉世代久遠而從中殿遷出的帝后神位。

中國古代有的帝王世系可以上溯到很多代，祭祀起來比較麻煩，所以不是所有的先祖都能進祧廟。祧廟只祭祀到前四代遠祖，即：肇祖、興祖、顯祖、景祖，以四代先祖代表以前所有祖先。明代朱元璋是開國皇帝，在前面享殿祭祀時排位第一，

是始祖。在祧廟中供奉的是：肇祖（朱元璋高祖朱百六。肇，始也）、興祖（朱元璋曾祖朱四九。興，起也）、顯祖（朱元璋祖父朱初一。顯，旺也）、景祖（朱元璋父親朱五四。景，大也）。元末漢人地位低微，甚至連姓名都不能有，多以出生日期為名。朱元璋的本名叫朱重八，出生日期是在八月八日。

清朝建立，將太廟中明代祖先的牌位移送歷代帝王廟，而將瀋陽努爾哈赤和皇太極的牌位迎送太廟寢殿，同時將立國前的先祖牌位迎送太廟祧廟供奉。清代追認六世祖為始祖，餘下三祖為努爾哈赤的曾祖、祖父和父親。在祧廟中供奉的是：肇祖（努爾哈赤六世祖孟特穆）、興祖（努爾哈赤曾祖福滿）、景祖（努爾哈赤祖父覺昌安）、顯祖（努爾哈赤父親塔克世）。

祆 祆 xiān　　胡神也。从示，天聲。〔火千切〕

【注釋】

番胡之神。鈕樹玉《說文新附考》：「祆，本番俗所事天神，後人因加示旁。」祆教，拜火教，波斯人瑣羅亞斯特所創立，崇拜火，南北朝時傳入中國。今印度、伊朗還有信徒。

祚 祚 zuò　　福也。从示，乍聲。〔臣鉉等曰：凡祭必受胙，胙即福也。此字後人所加。〕〔徂故切〕

【注釋】

本義是福，引申為一個王朝的國統，如「漢祚將盡」。「踐祚」謂登王位也。

文四 新附

三部

三 三 sān　　天地人之道也。从三數。凡三之屬皆从三。〔穌甘切〕弎古文三，从弋。

【注釋】

古代漢語裏的三、九有時是虛指，泛指多。如「三人行必有我師」「三教九流」「九死一生」「九牛一毛」。清汪中有《釋三九》，可參。

文一 重一

王部

王　王 wáng　　天下所歸往也。董仲舒曰：古之造文者，三畫而連其中謂之王。三者，天、地、人也，而參通之者，王也。孔子曰：一貫三為王。凡王之屬皆从王。〔李陽冰曰：中畫近上，王者則天之義。〕〔雨方切〕　古文王。

【注釋】

引申出統治義，如「王此大邦」。引申出大義，「眼鏡王蛇」謂大蛇也。「王父」，祖父也。「王母」，祖母也。「王姑」，姑奶奶也。王是有德行的人，故云「天下所歸往也」。霸是無德行之人，故王、霸對言。又有王道、霸道之別。

甲骨文作 ，金文作 ，象斧頭之形，乃王權之象徵。畫一斧頭代表王權，此乃關聯象形造字法。《說文》古文實本於此。

閏　閏 rùn　　餘分之月，五歲再閏。告朔之禮，天子居宗廟，閏月居門中。从王在門中。《周禮》曰：閏月王居門中，終月也。〔如順切〕

【注釋】

閏者，餘也。用陰、陽曆相差而多出的時日組成的月份即為閏月，乃積眾月之餘份以成此月。純陰曆一年 354 天，純陽曆一年 365 天，一年相差 11 天，三年相差 33 天，故大致三年有一個閏月。三年一閏還剩 3 天，再過兩年又多出 22 天，故五年置兩個閏月，後又十九年七閏。

《千字文》：「閏餘成歲，律呂調陽。」閏常用義是多餘。魯迅《故鄉》中有少年閏土，因五行缺土，故取名多出來一個土。利潤者，本金外多出的錢。閏、潤同源詞也。引申之，非正統的謂之閏，與正相對，如「區別正閏」。

皇　皇 huáng　　大也 [1]。从自、王。自，始也。始皇者，三皇，大君也 [2]。自讀若鼻。今俗以始生子為鼻子 [3]。〔胡光切〕

【注釋】

[1] 金文作 ，象日出土形，或謂象王戴冠冕形。

朱芳圃《殷周文字釋叢》：「皇即煌之本字。」吳大澂：「日出土則光大，日為君象，故三皇稱皇。」皇的本義即大，今有「皇天后土」，皇天者，大天也。從皇之字多有大義，見後「湟」「煌」字注。

[2] 段注:「《尚書大傳》：燧人為燧皇，伏羲為羲皇，神農為農皇。《白虎通》曰：三皇者何？伏羲、神農、燧人。則改燧人居第三，恐非舊也。始王天下，是大君也，故號之曰皇，因以為凡大之稱。皇本大君，因之凡大皆曰皇，假借之法准此矣。」

今按:《說文》「六書」之假借，實則包含了給引申義尋找一書寫符號，今人多誤解。引申義用原字形來記錄，假借義用本字來記錄，只要不是本義用本字來記錄，都叫假借。

許書「假借者，本無其字，依聲託事。令、長是也」，今人（包括清儒，如朱駿聲改為「假借者，本無其意，依聲託字，朋、來是也」。這不但誤解許書原意，又把「假借」和「通假」弄混了）多認為舉例有誤，實則不然。引申義與本義共用一形體，其實也是給引申義「借」了一形體而已。所以《說文》的假借範圍要比今之假借範圍寬泛。段注常出現假借引申、引申假借之表述，唯段玉裁得許氏真意。

[3] 段注:「楊氏雄《方言》曰:『鼻，始也。嘼之初生謂之鼻，人之初生謂之首。』許謂始生子為鼻子。字本作鼻，今俗乃以自字為之，徑作自子。此可知自與鼻不但義同，而且音同，相假借也。」今有「鼻祖」，猶始祖也。見「自」字注。

文三 重一

玉部

玉 王 yù　石之美。有五德：潤澤以溫，仁之方也；䚡理自外，可以知中，義之方也；其聲舒揚，專以遠聞，智之方也；不橈而折，勇之方也；銳廉而不技，絜之方也。象三玉之連。｜，其貫也。凡玉之屬皆从玉。〔陽冰曰：三畫正均，如貫玉也。〕〔魚欲切〕珏 古文玉。

【注釋】

䚡理，紋理也。廉，棱角。技，「枝」之俗體，牴觸也，此指刺傷人。引申出美好義，「玉人」謂美人也。又作敬辭，如「玉言」「玉體」「敬候玉音」。

璙 璙 liáo　玉也。从玉，寮聲。〔洛簫切〕

【注釋】

段注：「謂玉名也，如毛傳『梟，山也。繹，山也』之例，不言山名也，古傳注多不言名。」

瓘　瓘 guàn　　玉也。从玉，雚聲。《春秋傳》曰：瓘斝。〔工玩切〕

【注釋】

即圭。唐代有大書法家張懷瓘，著有《書斷》。《左傳》：「齊有陳瓘，字子玉。」

璥　璥 jǐng　　玉也。从玉，敬聲。〔居領切〕

琠　琠 tiǎn　　玉也。从玉，典聲。〔多殄切〕

【注釋】

段注：「《玉篇》曰：古文作瑱。」

瓔　瓔 náo　　玉也。从玉，夒聲。讀若柔。〔耳由切〕

瓅　瓅 lì　　玉也。从玉，歷聲。讀若鬲。〔郎擊切〕

璠　璠 fán　　璵璠，魯之寶玉。从玉，番聲。孔子曰：美哉璵璠，遠而望之，奐若也；近而視之，瑟若也。一則理勝，二則孚勝。〔附袁切〕

璵　璵 yú　　璵璠也。从玉，與聲。〔以諸切〕

瑾　瑾 jǐn　　瑾瑜，美玉也。从玉，堇聲。〔居隱切〕

瑜　瑜 yú　　瑾瑜，美玉也。从玉，俞聲。〔羊朱切〕

【注釋】

本義是美玉，引申玉之光彩義，如「瑕不掩瑜」。周瑜字公瑾，諸葛瑾字子瑜，皆名字相關也。

段注：「凡合二字成文，如瑾瑜、玫瑰之類，其義既舉於上字，則下字例不復

舉，俗本多亂之，此也字之上有美玉二字是。」

　　玒 玒 hóng　　玉也。从玉，工聲。〔戶工切〕

　　琜 琜 lái　　琜璝，玉也。从玉，來聲。〔落哀切〕

【注釋】

　　段注：「按說解有璝而無篆文璝者，蓋古只用賣，後人加偏旁。許君書或本說解內作賣，或說解內不妨從俗，而篆文則不錄也。」

　　許書字頭不錄俗字，然說解不避俗字，段君深明此理，然亦常擅改。

　　瓊 瓊 qióng（琼）　　赤玉也。从玉，夐聲。〔渠營切〕璚 瓊，或从矞。瓗 瓊，或从巂。琁 瓊，或从旋省。〔臣鉉等曰：今與璿同。〕

【注釋】

　　本義是美玉，女作家有瓊瑤，瑤亦美玉。泛指美好的事物，今有「玉露瓊漿」「瓊樓玉宇」。

　　珦 珦 xiàng　　玉也。从玉，向聲。〔許亮切〕

　　瓎 瓎 là　　玉也。从玉，刺聲。〔盧達切〕

　　珣 珣 xún　　醫無閭珣玗琪。《周書》所謂夷玉也。从玉，旬聲。一曰：器，讀若宣。〔相倫切〕

【注釋】

　　段注：「珣玗琪合三字為玉名，玗、琪二字又各有本義，故不連舉其篆也。蓋醫無閭、珣玗琪，皆東夷語。」

　　璐 璐 lù　　玉也。从玉，路聲。〔洛故切〕

【注釋】

　　美玉也。

瓚 瓚 zàn　　三玉二石也。从玉，贊聲。《禮》：天子用全，純玉也；上公用駹，四玉一石；侯用瓚；伯用埒，玉石半相埒也。〔徂贊切〕

【注釋】

三分是玉，二分是石頭的玉。徐鍇《說文繫傳》：「謂五分玉之中二分是石。」指質地不純的玉。常用義是古代祭祀用的一種像勺子的玉器。三國人物有公孫瓚，字伯圭。近人有張輝瓚。

瑛 瑛 yīng　　玉光也。从玉，英聲。〔於京切〕

【注釋】

本義是玉的光彩，又指似玉的美石。

璑 璑 wú　　三采玉也。从玉，無聲。〔武扶切〕

【注釋】

三彩玉，是質地較差的玉。

珛 珛 xiù　　朽玉也。从玉，有聲。讀若畜牧之畜。〔許救切〕

【注釋】

有疵點的玉。

璿 璿 xuán（璇）　　美玉也。从玉，睿聲。《春秋傳》曰：璿弁玉纓。〔似沿切〕瓊古文璿。𤫍籀文璿。

【注釋】

璿，璇之異體字。本義是美玉。「璿宮」舊指帝王后妃住處。「璇璣」為古代天文儀器。「璿閨」指華麗的閨房。

球 球 qiú　　玉聲也。从玉，求聲。〔巨鳩切〕璆球，或从翏。

【注釋】

本義是美玉。「球琳」皆美玉名；「球玉」謂美玉也。古人取名多有叫球者，如

劉宋時山東王氏有王球，王導之曾孫。今足球本字當作「毬」。

段注改作「玉也」，云：「鉉本玉磬也，非。《爾雅·釋器》曰：璆，美玉也。《禹貢》《禮器》鄭注同。《商頌》：小球大球。傳曰：球，玉也。按磬以球為之，故名球，非球之本訓為玉磬。」段注所據大徐本不同於今通行本。

琳 瑜 lín　　美玉也。从玉，林聲。〔力尋切〕

【注釋】

本義是美玉，青碧色的玉。今有「琳琅滿目」，琳琅皆美玉名。「琳琅」又指玉撞擊聲，今有「琳琅作響」。「球琳琅玕」皆美玉也。

璧 璧 bì　　瑞玉圜也。从玉，辟聲。〔比激切〕

【注釋】

一句數讀。瑞玉也，圜也。《爾雅·釋器》：「肉倍好謂之璧，好倍肉謂之瑗，好肉若一謂之環。」好，孔也，一語之轉。肉，實也，即玉之孔外的實體部分。實體部分是孔的兩倍者謂之璧，最為值錢，如「和氏璧」。

瑗 瑗 yuàn　　大孔璧。人君上除陛以相引。从玉，爰聲。《爾雅》曰：好倍肉謂之瑗，肉倍好謂之璧。〔王眷切〕

【注釋】

除陛，臺階。國君登臺階時前有人導引，各抓玉之一邊，故玉之孔要大。瑗者，援也，因以為稱。聘人以珪，召人以瑗。好，玉之孔。肉，玉之實體部分。孔是實體部分的兩倍者謂之瑗。見「璧」字注。

環 環 huán　　璧也。肉好若一謂之環。从玉，睘聲。〔戶關切〕

【注釋】

孔和實體部分均等的玉叫環。見「璧」字注。古人送玦（帶缺口的玉）表示斷交，送環表示和好。

段注：「古者還人以環，亦瑞玉也。環引申為圍繞無端之義，古只用還。」「環玦」指官員的內召和外貶。古代皇帝賜官員環則可還，賜之玦則外貶。見後「玦」

字注。

璜璜huáng　　半璧也。从玉，黃聲。〔戶光切〕

【注釋】

　　雜佩中間的兩個半圓形的玉石。見後「佩」字注。潢、黌乃古代諸侯的學校，半圓形，也叫泮宮。璜、潢、黌同源詞也。

　　段注：「古者天子辟廱，築土雝水之外圜如璧。諸侯泮宮，泮之言半也，蓋東西門以南通水，北無也，鄭箋《詩》云爾。然則辟廱似璧，泮宮似璜，此黌字之所由制歟。」

琮琮cóng　　瑞玉。大八寸，似車釭。从玉，宗聲。〔藏宗切〕

【注釋】

　　作符信的玉器。古代一種玉器，外邊八角，中間圓形，常用作祭地的禮器。「琮琤」象聲詞，形容敲打玉石的聲音、流水的聲音，如「溪水琮琤」。玉石相碰撞聲為琮，流水之聲為淙，同源詞也。

琥琥hǔ　　發兵瑞玉，為虎文。从玉，从虎，虎亦聲。《春秋傳》曰：賜子家雙琥。〔呼古切〕

【注釋】

　　今虎符也。

瓏瓏lóng　　禱旱玉，龍文。从玉，从龍，龍亦聲。〔力鍾切〕

【注釋】

　　本義是求雨的玉。「玲瓏」，本玉撞擊的聲音，今形容聰明靈活，如「玲瓏剔透心，多愁多病身」「八面玲瓏」。

琬琬wǎn　　圭有琬者。从玉，宛聲。〔於阮切〕

【注釋】

　　上端圓的一種玉。又指美玉。「琬圭」，上端渾圓，沒有棱角的圭。從宛之字多有

圓義，見後「宛」字注。

璋^璋zhāng　剡上為圭，半圭為璋。从玉，章聲。《禮》：六幣：圭以馬，璋以皮，璧以帛，琮以錦，琥以繡，璜以黼。〔諸良切〕

【注釋】

古代的一種玉器，形狀像半個圭。《詩經·大雅·卷阿》：「顒顒卬卬，如圭如璋。」「圭璋之質」謂品質高潔，今人有唐圭璋。「璋瓚」是古代祭祀時打鬯酒的勺子，以璋為柄。舊時稱生男孩為「弄璋之喜」，唐李林甫文墨不深，送人賀禮寫作「弄獐之喜」，時人戲稱之為「弄獐宰相」。

琰^琰yǎn　璧上起美色也。从玉，炎聲。〔以冄切〕

【注釋】

琰琰，謂有光澤的樣子。又美玉之名。蔡琰，字文姬。

玠^玠jiè　大圭也。从玉，介聲。《周書》曰：稱奉介圭。〔古拜切〕

【注釋】

從介之字多有大義。夰，大也。「介龜」，大龜也。

瑒^瑒chàng　圭，尺二寸，有瓚，以祠宗廟者也。从玉，昜聲。〔丑亮切〕

【注釋】

或謂之鬯圭，用以灌鬯者也。

瓛^瓛huán　桓圭，公所執。从玉，獻聲。〔胡官切〕

珽^珽tǐng　大圭。長三尺，抒上，終葵首。从玉，廷聲。〔他鼎切〕

【注釋】

王所搢大圭，即玉笏也。從廷之字多有小義，如艇、梃等，見後「莛」字注；亦有大、長義，見後「侹」字注。

瑁瑁mào　　諸侯執圭朝天子，天子執玉以冒之。似犁冠。《周禮》曰：天子執瑁，四寸。从玉、冒，冒亦聲。玨古文省。〔莫報切〕

【注釋】

古代帝王所執的玉器，用以覆諸侯的圭。

璬璬jiǎo　　玉佩。从玉，敫聲。〔古了切〕

【注釋】

璬之言皦也，玉石之白曰皦。段注：「古者雜佩謂之佩玉，亦謂之玉佩，見《詩·秦風》。」

珩珩héng　　佩上玉也，所以節行止也。从玉，行聲。〔戶庚切〕

【注釋】

橫在雜佩上面的玉，珩者，橫也。見後「佩」字注。

段注：「其制：珩上橫，為組三，繫於珩，繫於中組者曰衝牙，繫於左右組者曰璜，皆以玉。璜似半璧而小，亦謂之牙，繫於中者觸牙而成聲，故曰衝牙。蠙珠、琚、瑀貫於珩之下，璜、衝牙之上，故毛、韓、大戴皆曰：以納其間。云佩上玉者，謂此乃玉佩最上之玉也。統言曰佩玉，析言則珩居首，以玉為之。」

玦玦jué　　玉佩也。从玉，夬聲。〔古穴切〕

【注釋】

從夬之字多有裂開義。如決（大水衝破堤岸）、訣（分別）、缺（器皿殘破）等。

段注：「《九歌》注曰：玦，玉佩也。先王所以命臣之瑞。故與環即還，與玦即去也。《白虎通》曰：君子能決斷則佩玦。韋昭曰：玦如環而缺。」見前「環」字注。

瑞瑞ruì　　以玉為信也。从玉，耑聲。〔徐鍇曰：耑，諦也。會意。〕〔是偽切〕

【注釋】

用玉製成的信物，泛指玉器。引申為吉凶的徵兆，如「祥瑞」。特指吉兆，「人

瑞」謂年歲特別大的人，如「百歲人瑞」。引申吉利義。與「祥」之引申路徑同，同步引申也。

段注：「禮神之器亦瑞也，瑞為圭璧璋琮之總稱，引申為祥瑞者，亦謂感召若符節也。」

珥 珥 ěr　　瑱也。从玉、耳，耳亦聲。〔仍吏切〕

【注釋】

掛在冠冕兩旁的飾物，即塞耳玉，下垂至耳，兩耳邊各有一個，一般用玉石製成。又叫瑱，又叫瑱耳、沖耳。古人非禮勿聽也。

瑱 瑱 zhèn　　以玉充耳也。从玉，真聲。《詩》曰：玉之瑱兮。〔臣鉉等曰：今充耳字更从玉旁充，非是。〕瑱 瑱，或从耳。〔他甸切〕

【注釋】

充耳謂之瑱，天子玉瑱，諸侯以石。

琫 琫 běng　　佩刀上飾，天子以玉，諸侯以金。从玉，奉聲。〔邊孔切〕

【注釋】

刀鞘口上的裝飾。

珌 珌 bì　　佩刀下飾，天子以玉。从玉，必聲。〔卑吉切〕

【注釋】

刀鞘末端的裝飾。

璏 璏 zhì　　劍鼻玉也。从玉，彘聲。〔直例切〕

瑵 瑵 zhǎo　　車蓋玉瑵。从玉，蚤聲。〔側絞切〕

【注釋】

古代車蓋弓頭伸出像爪的部分，多用金玉做裝飾。

瑑 瑑 zhuàn　　圭璧上起兆瑑也。从玉，篆省聲。《周禮》曰：瑑圭璧。〔直戀切〕

【注釋】

雕刻圭璧曰瑑。此篆刻之本字也。《說文》：「篆，引書也。」

珇 珇 zǔ　　琮玉之瑑。从玉，且聲。〔則古切〕

璂 璂 qí　　弁飾，往往冒玉也。从玉，綦聲。〔渠之切〕璂或从基。

【注釋】

古代皮弁縫合處的玉飾。

璪 璪 zǎo　　玉飾，如水藻之文。从玉，喿聲。《虞書》曰：璪火黺米。〔子皓切〕

瑬 瑬 liú　　垂玉也，冕飾。从玉，流聲。〔力求切〕

【注釋】

帝王冕前後的玉穗。古者非禮勿視，垂玉以避視也。

璹 璹 shú　　玉器也。从玉，壽聲。讀若淑。〔殊六切〕

瓃 瓃 léi　　玉器也。从玉，晶聲。〔臣鉉等案：畾字注，象回轉之形，晶不成字，凡从晶者並當从畾省。〕〔魯回切〕

【注釋】

段注：「《說文》無晶字，而云晶聲者，晶即畾（雷）之省也。畾字下曰：从雨，晶象回轉形。《木部》櫑字下曰：刻木作雲畾，象施不窮。楊雄賦曰：轠轤不絕。凡从晶字皆形聲兼會意。」

瑳 瑳 cuō　　玉色鮮白。从玉，差聲。〔七何切〕

【注釋】

本義是玉色鮮白，泛指顏色鮮明潔白，《詩經》：「瑳兮瑳兮，其之展也。」又指笑的樣子，《詩經‧衛風‧竹竿》：「巧笑之瑳，佩玉之儺。」

玼 瑳 cǐ　玉色鮮也。从玉，此聲。《詩》曰：新臺有玼。〔千禮切〕

瑟 璱 sè　玉英華相帶如瑟弦。从玉，瑟聲。《詩》曰：瑟彼玉瓚。〔所櫛切〕

【注釋】

帶，繞也。玉上的花紋相互縈繞，象瑟上的弦。又指（玉）鮮豔光潔的樣子。白居易《暮江吟》「半江瑟瑟半江紅」本字當作「璱」，玉色多碧，故引申為碧綠色。

瓅 璃 lì　玉英華羅列秩秩。从玉，栗聲。《逸論語》曰：玉粲之璱兮，其瓅猛也。〔力質切〕

【注釋】

《爾雅‧釋訓》：「秩秩，清也。」毛傳：「秩秩，有常也。」秩秩，有次序貌。

瑩 瑩 yíng　玉色。从玉，熒省聲。一曰：石之次玉者。《逸論語》曰：如玉之瑩。〔烏定切〕

【注釋】

莹乃瑩之草書楷化字形。本義是玉的光澤，今有「晶瑩」。常用義是磨治玉石，如「剖而瑩之」。

段注：「謂玉光明之貌，引申為磨。一曰：石之次玉者。此別一義，謂象玉的石頭，揚雄《法言》：如玉如瑩。」

璊 璊 mén　玉經色也。从玉，㒼聲。禾之赤苗謂之虋，言璊，玉色如之。〔莫奔切〕 珇 璊，或从允。

【注釋】

段注：「虋聲在十三部，與十四部㒼聲最近。虋、㒼聲最近，而又雙聲。此璊、虋字皆於虋得義也。」《說文》：「虋，以毳為繝，色如虋。」

從㒼之字多有紅義，得名於虋，此造字時声旁有假借也，也叫「借音分化式」。

瑕 瑕 xiá　　玉小赤也。从玉，叚聲。〔乎加切〕

【注釋】

玉以白為純正，小赤則是有斑點也。本義是玉的斑點，如「瑕瑜互見」「瑕不掩瑜」，引申為缺點，如「以功覆過，棄瑕取用」。從叚之字多有赤色義，如霞、蝦（即虾字，蝦水煮則變紅）、騢（馬赤白雜毛）、椵（赤色也）。

琢 琢 zhuó　　治玉也。从玉，豕聲。〔竹角切〕

【注釋】

本義是加工玉器。今有「玉不琢，不成器」。《爾雅・釋器》：「玉謂之琢，石謂之磨，骨謂之切，象謂之磋。」今有「切磋」「琢磨」，皆加工之義也。

琱 琱 diāo　　治玉也。一曰：石似玉。从玉，周聲。〔都僚切〕

【注釋】

今雕刻之本字也。雕之本義是大鳥。

理 理 lǐ　　治玉也。从玉，里聲。〔良止切〕

【注釋】

理的本義是加工玉器，泛指治理。魯迅《故事新編》有「理水」篇，即大禹治水之故事。唐高宗名李治，為避其諱唐代典籍多改作理。引申有條理義，引申為法官義，《管子》：「弦子旗為理。」

段注：「玉雖至堅，而治之得其鰓理以成器不難，謂之理。凡天下一事一物，必推其情至於無憾而後即安，是之謂天理，是之謂善治，此引申之義也。理者，察之而幾微必區以別之名也，是故謂之分理，在物之質曰肌理，曰腠理，曰文理。得其分則有條而不紊，謂之條理。」

珍 珍 zhēn　　寶也。从玉，㐱聲。〔陟鄰切〕

玩 玩 wán　　弄也。从玉，元聲。〔五換切〕貦 玩，或从貝。

【注釋】

　　玩的本義是玩弄，弄的本義也是玩弄。今有「玩弄」「玩物喪志」。「弄璋」「弄瓦」皆玩義。「弄玉」，顧其名，則玩玉也。引申為欣賞、觀賞，如「玩月」。另有輕視、疏忽義，如「玩忽職守」，其本字當作「翫」，《說文》：「翫，習猒也。」後二字常通用，但玩弄字不能寫作翫。

　　玲 玲 líng　　　玉聲。从玉，令聲。〔郎丁切〕

【注釋】

　　本義是玉撞擊的聲音，如「玲玲盈耳」。

　　瑲 瑲 qiāng　　　玉聲也。从玉，倉聲。《詩》曰：鎗革有瑲。〔七羊切〕

【注釋】

　　段注：「《小雅》：有瑲蔥珩。毛傳：瑲，珩聲也。《秦風》：佩玉將將，《玉藻》：然後玉鏘鳴，皆當作此字。鸞鈴轡飾之聲而字作瑲，玉聲而字作鏘，皆得謂之假借。」段氏之假借實際包括通假。

　　玎 玎 dīng　　　玉聲也。从玉，丁聲。齊太公子伋謚曰玎公。〔當經切〕

　　琤 琤 chēng　　　玉聲也。从玉，爭聲。〔楚耕切〕

【注釋】

　　段注：「按此字恐係瑲之俗。」「琤琤」象聲詞，形容敲打玉石的聲音、流水的聲音，如「溪水琤琤」。

　　瑣 瑣 suǒ　　　玉聲也。从玉，貟聲。〔蘇果切〕

【注釋】

　　段注：「謂玉之小聲也。《周易》：旅瑣瑣。鄭君、陸績皆曰：瑣瑣，小也。」
　　引申為細小、瑣碎，引申為卑微義，今有「猥瑣」。猥亦有瑣碎、卑微二義，同步引申也。從貟之字多有小義，如麷（小麥的粗屑）、嗩（聲音小）等。

　　瑝 瑝 huáng　　　玉聲也。从玉，皇聲。〔乎光切〕

【注釋】

段注：「謂玉之大聲也。」從皇之字多有大義，如煌（大的光芒）、蝗（成群飛的蟲）、湟（水大）、喤（聲音大）等。

瑀 瑀 yǔ　石之似玉者。从玉，禹聲。〔王矩切〕

【注釋】

段注：「《鄭風》傳曰：雜佩者，珩、璜、琚、瑀、衝牙之類。又曰：佩有琚瑀，所以納間。納間者，納於上珩、下璜衝牙之中也。」瑀是佩玉，見後「佩」字注。

玤 玤 bàng　石之次玉者，以為系璧。从玉，丰聲。讀若《詩》曰：瓜瓞菶菶。一曰：若蛤蚌。〔補蠓切〕

【注釋】

玤為小璧，繫帶間，懸左右佩物也。段注：「今音蚌在講韻，古音江講合於東董。」

玪 玪 jiān　玪瓅，石之次玉者。从玉，今聲。〔古函切〕

瓅 瓅 lè　玪瓅也。从玉，勒聲。〔盧則切〕

琚 琚 jū　瓊琚。从玉，居聲。《詩》曰：報之以瓊琚。〔九魚切〕

【注釋】

琚是佩玉，見後「佩」字注。

琇 琇 xiù　石之次玉者。从玉，莠聲。《詩》曰：充耳琇瑩。〔息救切〕

玖 玖 jiǔ　石之次玉黑色者。从玉，久聲。《詩》曰：貽我佩玖。讀若芑。或曰：若人句脊之句。〔舉友切〕

【注釋】

本義是一種像玉的淺黑色石頭。今作為「九」之大寫。

珎珱 yí　　石之似玉者。从玉，臣聲。讀若貽。〔與之切〕

琅琅 yín　　石之似玉者。从玉，艮聲。〔語巾切〕

瑰瑰 yì　　石之似玉者。从玉，曳聲。〔余制切〕

璪璪 zǎo　　石之似玉者。从玉，巢聲。〔子浩切〕

璡璡 jīn　　石之似玉者。从玉，進聲。讀若津。〔將鄰切〕

璿璿 zēn　　石之似玉者。从玉，朁聲。〔側岑切〕

瑽瑽 cōng　　石之似玉者。从玉，悤聲。讀若蔥。〔倉紅切〕

【注釋】

從悤之字多有綠色義，如驄（青色的馬）等。瑽、蔥音近，故訓綠。「瑽瓏」謂明亮光潔的樣子。「瑽琤」謂玉聲。

璅璅 hào　　石之似玉者。从玉，號聲。讀若鎬。〔乎到切〕

瑎瑎 xiá　　石之似玉者。从玉，皆聲。讀若曷。〔胡捌切〕

堅堅 wàn　　石之似玉者。从玉，昄聲。〔烏貫切〕

瓏瓏 xiè　　石之次玉者。从玉，燮聲。〔穌叶切〕

珣珣 gǒu　　石之次玉者。从玉，句聲。讀若苟。〔古厚切〕

琂琂 yán　　石之似玉者。从玉，言聲。〔語軒切〕

璶璶 jìn　　石之似玉者。从玉，盡聲。〔徐刃切〕

瓗 瓗 wéi 　　石之似玉者。从玉，隹聲。讀若維。〔以追切〕

珷 瑪 wǔ 　　石之似玉者。从玉，烏聲。〔安古切〕

瑂 瑂 méi 　　石之似玉者。从玉，眉聲。讀若眉。〔武悲切〕

璒 璒 dēng 　　石之似玉者。从玉，登聲。〔都騰切〕

玊 玊 sī 　　石之似玉者。从玉，厶聲。讀與私同。〔息夷切〕

【注釋】

「讀與某同」，許書之體例也，有時用來注音，有時用來破假借。段注：「凡言讀與某同者，亦即讀若某也。」以偏概全。

玗 玗 yú 　　石之似玉者。从玉，于聲。〔羽俱切〕

【注釋】

段注：「錯釋以珣玗琪，非也。珣玗琪合三字為玉名。單言珣者，玉器也。單言瑂者，弁飾也。單言玗者，美石也。《齊風》：尚之以瓊華，傳曰：華，美石。華蓋即玗，二字同于聲也。」

段注這裡揭示了聯綿詞由幾個音節連綴成義、不可分訓的特點。聯綿詞中的幾個字僅僅代表單純複音詞的幾個音節，無實際意義，詞亦無定形。

玫 玫 mò 　　玉屬。从玉，旻聲。讀若沒。〔莫悖切〕

【注釋】

夐、旻隸變同形。

瑎 瑎 xié 　　黑石似玉者。从玉，皆聲。讀若諧。〔戶皆切〕

碧 碧 bì 　　石之青美者。从玉、石，白聲。〔兵尺切〕

【注釋】

本義是青色又美麗的石頭。

段注:「《西山經》:高山其下多青碧。傳:碧亦玉類也。《淮南書》:崑崙有碧樹。注:碧,青石也。從玉、石者,似玉之石也,碧色青白,金克木之色也,故從白。云白聲者,形聲苞會意。」見「紫」字注。

青是藍色,蒼是深藍,碧是淺藍。三字常不分,青天又叫蒼天,又叫碧落、碧虛,蒼苔又叫青苔。綠色與青色差距較大,綠草指嫩綠的草,與青草義不相同。藍不表顏色,只指用作染料的植物,即藍草,這種染料染出的顏色即青,故有「青出於藍」之說。

琨 瑻 kūn　　石之美者。從玉,昆聲。《虞書》曰:揚州貢瑤琨。〔古渾切〕瑻 琨,或從貫。

珉 珉 mín　　石之美者。從玉,民聲。〔武巾切〕

瑤 瑤 yáo　　玉之美者。從玉,名聲。《詩》曰:報之以瓊瑤。〔余招切〕

【注釋】

本義是像玉一樣的美石。段、桂、王、朱皆作「石之美者」。段注:「瑤,石之次玉者。凡謂瑤為玉者非是。」比喻美好的、珍貴的,如「玉露瑤漿」「瑤池」「瑤臺」。

珠 珠 zhū　　蚌之陰精。從玉,朱聲。《春秋國語》曰:珠以御火災。是也。〔章俱切〕

【注釋】

蚌殼裏生的水精,水屬陰,可禦火。

玓 玓 dì　　玓瓅,明珠色。從玉,勺聲。〔都歷切〕

【注釋】

疊韻連語,明亮貌,或作「的皪」。

瓅 瓅 lì　　玓瓅。從玉,樂聲。〔郎擊切〕

玭 玭 pín（蠙）　　珠也。從玉,比聲。宋弘云:淮水中出玭珠。玭,珠

之有聲者也。〔步因切〕𧖅《夏書》玭从虫、賓。

【注釋】

　　蚌的別名，又指珍珠。

　　瓃瓃lì　　蜃屬。从玉，劦聲。《禮》：佩刀，士瓃琫而珧珌。〔臣鉉等曰：劦亦音麗，故以為聲。〕〔郎計切〕

　　珧珧yáo　　蜃甲也。所以飾物也。从玉，兆聲。《禮》云：佩刀，天子玉琫而珧珌。〔余昭切〕

【注釋】

　　段注：「《釋器》曰：以蜃者謂之珧。按《爾雅》，蜃小者珧。」珧、銚同源詞。銚為農具，鏟子也。蓋未有金屬器之前，先民以蜃殼為農具也。

　　玫玫méi（玫）　　火齊，玫瑰也。一曰：石之美者。从玉，文聲。〔莫杯切〕

【注釋】

　　玫，今作玫。火齊，用火煉成的珠子。玫瑰，一種赤色的美石。石之美好者曰玫，此別一義也，或作碐、瑂、砍。

　　瑰瑰guī　　玫瑰。从玉，鬼聲。一曰：圓好。〔公回切〕

　　璣璣jī　　珠不圓也。从玉，幾聲。〔居衣切〕

【注釋】

　　不圓的珠子，如「珠璣」。段注：「凡經傳沂鄂謂之幾，門橛謂之機，故珠不圓之字从幾。」古代測天文的儀器叫「璇璣」。

　　琅琅láng　　琅玕，似珠者。从玉，良聲。〔魯當切〕

【注釋】

　　琅玕，象珠子的美石。李白《古風五十九首》：「鳳饑不啄粟，所食唯琅玕；焉能

與群雞，刺蹙爭一餐。」又指珠子，又潔白貌。「琅琅」，形容清脆的聲音，今有「書聲琅琅」。

段注：「琅玕，石似珠。玉裁按：出於蚌者為珠，則出於地中者為似珠，似珠亦非人為之，故鄭、王謂之真珠也。」

玕 玕 gān　　琅玕也。从玉，干聲。《禹貢》：雝州球琳琅玕。〔古寒切〕
珤 古文玕。

珊 珊 shān　　珊瑚，色赤，生於海，或生於山。从玉，刪省聲。〔蘇干切〕

【注釋】

赤為珊瑚，青為琅玕。「珊珊」，形容玉佩相擊的聲音，又搖曳多姿的樣子，如「清香徐徐，玉骨珊珊，花中之王，其名曰蘭」。

瑚 瑚 hú　　珊瑚也。从玉，胡聲。〔戶吳切〕

珋 珋 liú（琉）　　石之有光，璧珋也，出西胡中。从玉，丣聲。〔力求切〕

【注釋】

卯、丣古文形似。

段注：「許君卯、丣畫分，从丣之字，俗多改為从卯，自漢已然。卯金刀為劉之說，緯書荒謬。古音卯、丣二聲同在三部為疊韻，而留、珋、茆、聊、駵、劉等字皆與丣又疊韻中雙聲。昴、貿、茆等字與卯疊韻中雙聲。分部以疊韻為重，字音以雙聲為重。」

琀 琀 hán　　送死口中玉也。从玉，从含，含亦聲。〔胡紺切〕

【注釋】

人死後嘴裏含的玉，「飯琀」，亦作「飯唅」「飯含」。古喪禮，以珠、玉、貝、米等物納於死者之口。段注：「貝玉曰含。琀，士用貝，諸侯用璧，天子用玉。」經傳多用含，或作唅。

璓 璓 yǒu　　遺玉也。从玉，歐聲。〔以周切〕

鎲 鎲 dàng　　金之美者，與玉同色。从玉，湯聲。《禮》：佩刀，諸侯鎲珧而璆珌。〔徒朗切〕

【注釋】

黃金謂之鎲。今人北大教授有嚴紹鎲。《爾雅·釋器》：「黃金謂之鎲，其美者謂之鏐。」

靈 靈 líng（靈、灵）　　靈巫，以玉事神。从玉，霝聲。〔郎丁切〕靈　靈，或从巫。

【注釋】

本義是巫。楚人把巫叫作靈。

今通行重文靈，簡化字作灵，古之俗字也。灵、靈原為二不同字，灵本義為小熱貌，因不常用，被用來代替靈字。明代《正字通》把灵作為靈之俗字收入。靈即神也，今有「神靈」。引申出屬於死人的，如「靈柩」「靈床」「移靈」。又引申為福也，《左傳》：「若以君之靈得反晉國。」

文一百二十六　重十七

珈 珈 jiā　　婦人首飾。从玉，加聲。《詩》曰：副笄六珈。〔古牙切〕

【注釋】

古代婦女的一種頭飾，用頭髮編成假髻，稱「副」；再用簪子把副別在頭上，上加玉飾，稱「珈」。珈數多少有表明身份的作用，如「六珈」為侯伯夫人所用。

璩 璩 qú　　環屬。从玉，豦聲。見《山海經》。〔強魚切〕

【注釋】

古代的一種耳環。清人有閻若璩。

琖 琖 zhǎn（盞）　　玉爵也。夏曰琖，殷曰斝，周曰爵。从玉，戔聲。或从皿。〔阻限切〕

【注釋】

琖，今作盞。小杯子。

琛 ^璿chēn　　寶也。从玉，深省聲。〔丑林切〕

【注釋】

珍寶也，常作為貢物。《詩經‧魯頌‧泮水》：「來獻其琛。」如「琛寶」，「天琛」謂天然的寶物。今人有錢其琛。「深省聲」，當作「罙聲」。

璫 ^璫dāng　　華飾也。从玉，當聲。〔都郎切〕

【注釋】

即玉製耳墜。《孔雀東南飛》：「耳著明月璫。」又是漢代武職宦官帽子的裝飾品。漢代宦官充武職者，其冠用璫和貂尾為飾，故代指宦官。如「貂璫」「璫豎」，皆為對宦官的蔑稱。「璫子」是對太監或太監義子的貶稱。

琲 ^琲bèi　　珠五百枚也。从玉，非聲。〔普乃切〕

【注釋】

成串的珠子，如「珠琲闌干」。

珂 ^珂kē　　玉也。从玉，可聲。〔苦何切〕

【注釋】

似玉的美石，即白瑪瑙。又指馬籠頭上的裝飾，西晉張華《輕薄篇》：「文軒樹羽蓋，乘馬鳴玉珂。」「珂馬」，美稱人所乘之馬。

玘 ^玘qǐ　　玉也。从玉，己聲。〔去里切〕

珝 ^珝xǔ　　玉也。从玉，羽聲。〔況主切〕

璀 ^璀cuǐ　　璀璨，玉光也。从玉，崔聲。〔七罪切〕

璨 ^璨càn　　玉光也。从玉，粲聲。〔倉案切〕

【注釋】

本義是玉的光澤，引申為明亮貌，今有「璀璨」「璨然」。

琡 琡chù 玉也。从玉，叔聲。〔昌六切〕

瑄 瑄xuān 璧六寸也。从玉，宣聲。〔須緣切〕

【注釋】

古代祭天用的大璧。從宣、亙之字多有大義。《說文》：「宣，天子宣室也。」宣室即大室。桓有大義。

珙 珙gǒng 玉也。从玉，共聲。〔拘竦切〕

【注釋】

古代玉器，大璧。清人有學者胡承珙。

文十四 新附

玨部

玨 玨jué（瑴） 二玉相合為一玨。凡玨之屬皆从玨。〔古岳切〕瑴玨，或从瑴。

【注釋】

王國維《說「玨」「朋」》：「古制貝玉皆五枚一系，合兩系為一玨若一朋。」今人名玨者甚多。

段注：「因有班、瑴字，故玨專列一部，不則綴於玉部末矣，凡《說文》通例如此。不言从二玉者，義在於形，形見於義也。」此《說文》「即形為義」之體例也。

班 班bān 分瑞玉。从玨，从刀。〔布還切〕

【注釋】

今頒布之本字也。

本義是分玉，引申為分開義，《左傳》：「班荊相與食。」引申為頒布、排列義，

《爾雅》:「班,賦也。」《韓非子》:「班位於天下。」又有次序義,今有「班級」「幾班車」。又有返回義,《爾雅》:「班,還也。」今有「班師」。

珇 **珇** fú　　車笭間皮篋,古者使奉玉以藏之。从車、玨。讀與服同。〔房六切〕

【注釋】

箙為箭套。珇、箙同源詞也。服是箙之初文,「讀與服同」,此破假借也。

文三 重一

气部

气 〈 qì　　雲气也。象形。凡气之屬皆从气。〔去既切〕

【注釋】

段注:「气、氣古今字,自以氣為雲气字。乃又作餼為廩氣字矣。气本雲气,引申為凡气之稱。象雲起之貌,三之者,列多不過三之意也。是類乎从三者也。借為气假於人之气,又省作乞。」

今有「氣候」,古代五日為一候,三候為一氣,六氣為一時,四時為一歲。見後「氣」字注。于省吾《卜辭求義》:「气字初文作三,降及周代,以其與『上下』合文及紀數三字相混,上畫彎曲,下畫彎曲,以資識別,古气與乞同。」

氛 **氛** fēn(雰)　　祥气也 [1]。从气,分聲。〔符分切〕 雰 **氛** [2],或从雨。

【注釋】

[1] 呈現吉凶的雲氣,古者吉凶皆可謂祥。後氛專指兇氣。又泛指雲氣,今有「氣氛」「氛圍」。

段注:「統言則祥、氛二字皆兼吉凶,析言則祥吉氛凶耳。許意是統言。」

[2] 雰、氛本一字之異體,後分別異用。段注:「按此為《小雅》『雨雪雰雰』之字。《月令》:雰霧冥冥。皆當作此。雰與祥氣之氛各物,似不當混而一之。」

文二 重一

士部

士 士 shì　　事也。數始於一，終於十。从一、从十。孔子曰：推十合一為士。凡士之屬皆从士。〔鉏里切〕

【注釋】

聲訓也，士乃任事之人，故稱。段注：「仕之言事也，引申之，凡能事其事者稱士。《白虎通》曰：士者，事也，任事之稱也。故傳曰：通古今，辯然不，謂之士。」

士是統治階級中次於大夫的一個階層，也是最下層的統治階級。古代給大夫做家臣的都是士，孔子弟子都是士，子貢、子路為季氏之家臣。士沒有封地，只有祿田，作為自己的經濟來源，死後祿田收回，故士死叫「不祿」。

最初士指武士，「二桃殺三士」者，武士也。章士釗翻譯成「二個桃子殺了三個讀書人」，魯迅哂之。後來士作為讀書人的代稱。執法官亦謂之士，如「皋陶作士」。未婚男子謂之士，《詩經》：「士與女。」泛指男子，如「士女」。泛指美稱，如「志士」。古代士、卒、兵不同，兵原指武器，卒是步兵，士是站在兵車上的士兵。

壻 壻 xù（婿）　　夫也。从士，胥聲。《詩》曰：女也不爽，士貳其行。士者，夫也。讀與細同。〔穌計切〕婿 壻，或从女。

【注釋】

今通行重文婿字。本義是丈夫，今有「夫婿」。又指女婿。

段注：「夫者，丈夫也。然則壻為男子之美稱，因以為女夫之稱。」

壯 壯 zhuàng　　大也。从士，爿聲。〔側亮切〕

【注釋】

簡化字壮乃草書楷化字形。

段注：「《方言》曰：凡人之大謂之奘，或謂之壯。」《爾雅》：「壯，大也。」本義是大，「壯錢」即大錢也。引申為強壯，古者男子三十曰壯，有室。

壿 壿 cūn　　舞也。从士，尊聲。《詩》曰：壿壿舞我。〔慈損切〕

【注釋】

段注：「也當為皃，毛傳：壿壿，舞皃。古書也、皃二字多互譌。《爾雅》：坎

坎、增增，喜也。今《詩》作蹲。」

文四　重一

丨部

丨　丨　gǔn　　上下通也。引而上行讀若囟，引而下行讀若退。凡丨之屬皆從丨。〔古本切〕

【注釋】

鵬按：丨即貫之初文。猶卵讀作鯤，讀作卝。據《說文》，則丨有三音三義。黃侃有「無聲字多音說」之理論，此即一顯例。

無聲字即指事、象形、會意字，其形體無聲。文字之初起，以圖寫形貌，各地之人，據其形象以為文字，因其主觀意象的不同，雖形象相同，取意盡可有別。造字者憑其當時之意識，取其義而定其聲，故一形可表多音多義。是古文字一形多用的重要原因之一。

中　中　zhōng　　內也。從口、丨，上下通。〔陟弓切〕中古文中。中籀文中。

【注釋】

本義是裏面的，「言不由衷」，衷者，內衣也，也叫「中衣」「衷衣」。引申為半、一半義，今有「中道而返」。《玉篇》：「中，半也。」「中夜」謂半夜也。

甲骨文作中，金文作中，象旗幟之形。古有中旗，是氏族社會的徽幟，口表示範圍，建旗在口中也。

於　介　chān　　旌旗杠貌。從丨，從㫃，㫃亦聲。〔丑善切〕

文三　重二

卷一下

屮部

屮 ψ chè　　屮木初生也。象丨出形，有枝莖也。古文或以為屮字 [1]。讀若徹 [2]。凡屮之屬皆从屮。尹形說。〔臣鉉等曰：丨，上下通也，象屮木萌芽，通徹地上也。〕〔丑列切〕

【注釋】

商承祚《說文中之古文考》：「中、屮，本一字也，初生為中，蔓延為屮。」

[1]「古文以為某字」是《說文》說明假借的專門術語。段注揭示了「假借」的兩種情況：一、音近而借，即今所謂之假借。二、形近或意義相近而借，含有訓讀和形借的成分。第二種情況是段氏不提倡的。見「臭」字注。

[2] 讀若徹。徹，通也，義存乎音。漢武帝名劉徹，小名彘兒。豬在古代是有靈性的動物。

屯 す zhūn　　難也。象屮木之初生，屯然而難。从屮貫一。一，地也。尾曲。《易》曰：屯，剛柔始交而難生。〔陟倫切〕

【注釋】

本義是艱難，困難。《周易》有屯卦，今有「屯邅」，又作「迍邅」，遭遇困境也，如「英雄有屯邅」。常用義是聚集，《廣雅》：「屯，聚也。」今有「屯糧聚草」「囤聚」，屯、囤，同源詞也。春、屯亦同源詞。

—49—

每 𣫭 měi（莓）　　艸盛上出也。从屮，母聲。〔臣鉉等案：《左傳》：原田每每。今別作莓，非是。〕〔武罪切〕

【注釋】

本義為草茂盛，《左傳》：「原田每每。」

段注：「俗改為莓，按每是艸盛，引申為凡盛。毛公曰：每，雖也。凡言雖者皆充類之辭，今俗語言每每者，不一端之辭，皆盛也。」每有常常義，「每每」謂常常也。每有雖然義，《詩經》：「每有良朋，況也永歎。」

甲骨文作 𣫭，李孝定《甲骨文字集釋》：「葉氏以為象笄形，蓋髮盛則加笄，引申為盛。」魯迅謂「每」字是戴著帽子的老太太。

毒 𣡿 dú　　厚也。害人之艸，往往而生。从屮，从毒。〔徒沃切〕𣡿 古文毒从刀、𦱌。

【注釋】

往往，歷歷也，離離也，茂盛貌，如「離離原上草」。或釋「往往」謂處處也，亦通。毒引申有痛恨、憎恨義，如「憤毒」。又有猛烈、兇狠義，今有「毒手」「毒暑」。段注：「毒兼善惡之辭，猶祥兼吉凶，臭兼香臭也。」

芬 𣄼 fēn（芬）　　艸初生，其香分布。从屮，从分，分亦聲。〔撫文切〕
𦳄 芬，或从艸。

【注釋】

今通行重文芬。本義是草香，引申為芬芳。

𡿨 𦱹 lù　　菌𡿨，地蕈，叢生田中。从屮，六聲。〔力竹切〕𦲽 籀文𡿨，从三𡿨。

【注釋】

地蕈，蘑菇也。地生者為菌，木生者為㮅，同「𦱌」，木耳也。

熏 𤎭 xūn　　火煙上出也。从屮，从黑。屮黑，熏黑也。〔許云切〕

【注釋】

本義是火煙上出。引申有火煙義,如「金爐揚熏」。引申出暖、熱義,如「熏風」謂暖風也。林義光《文源》:「从黑,象火自窗上出之形。中,上出之象也。」

文七 重三

艸部

艸 艸 cǎo(草)　　百卉也。从二中。凡艸之屬皆从艸。〔倉老切〕

【注釋】

段注:「卉下曰:艸之總名也,是謂轉注。二中三中一也。引申為艸稿、艸具之艸。俗以草為艸,乃別以皁為草。」

莊 莊 zhuāng(庄)　　上諱。〔臣鉉等曰:此漢明帝名也。从艸,从壯,未詳。〕〔側羊切〕莊 古文莊。

【注釋】

今簡化作庄,草書楷化字形。引申為四通八達的道路,今有「康莊大道」。《爾雅》:「四達謂之康,五達謂之莊。」村莊義乃後起。

段注:「古書莊、壯多通用,引申為凡壯盛精嚴之義。《論語》:臨之以莊。苞咸曰:莊,嚴也。」

蓏 蓏 luǒ　　在木曰果,在地曰蓏。从艸,从㼌。〔郎果切〕

【注釋】

樹上長的果實叫果,地上長的叫蓏。

芝 芝 zhī　　神艸也。从艸,从之。〔止而切〕

【注釋】

即靈芝草。三年開一次花,故叫「三秀」。《山鬼》:「采三秀於山間。」又香草名,也作「芷」。「芝蘭」,兩種香草,喻德行的高尚或友情、環境的美好等,如「芝蘭之室」「芝蘭玉樹」。《孔子家語》:「芝蘭生於深林,不以無人而不芳。」又「芝蘭鮑魚,豈可同於一室」。

莲 𦺞 shà　　萐莆，瑞艸也。堯時生於庖廚，扇暑而涼。从艸，疌聲。〔士洽切〕

【注釋】

段注：「《白虎通》曰：孝道至則萐莆生庖廚。萐莆者，樹名也。其葉大於門扇，不搖自扇，於飲食清涼助供養也。」

莆 𦸅 fǔ　　萐莆也。从艸，甫聲。〔方矩切〕

虋 𧂇 mén　　赤苗，嘉穀也。从艸，釁聲。〔莫奔切〕

【注釋】

即赤粱粟，粟的一種。

荅 𦼫 dá（答）　　小尗也。从艸，合聲。〔都合切〕

【注釋】

本義是小豆。假借為酬答字。答，俗字也。段注：「《廣雅》云：小豆，荅也。假借為酬答。」

萁 𦷸 qí　　豆莖也。从艸，其聲。〔渠之切〕

【注釋】

豆杆也。古詩有「煮豆燃豆萁」。

藿 𧆾 huò（藿）　　尗之少也。从艸，靃聲。〔虛郭切〕

【注釋】

豆鮮嫩的葉子。今作藿，豆葉也。段注：「李善引《說文》作豆之葉也，與《士喪禮》注合。」

莥 𦸈 niǔ　　鹿藿之實名也。从艸，狃聲。〔敕久切〕

蓈 𦽍 láng（稂）　　禾粟之穗，生而不成者，謂之蕫蓈。从艸，郎聲。

〔魯當切〕稂 菔，或从禾。

【注釋】

董菔謂有稃無米的穀子。稂、菔本一字之異體，後分別異用。稂，狼尾草也，一種危害禾苗的惡草。「稂莠」謂危害禾苗的雜草。

莠 yǒu　禾粟下陽生者曰莠。从艸，秀聲。讀若酉。〔與久切〕

【注釋】

莠，即狗尾草，穗有毛，很像穀子。陽，偽也。喻品質壞的、不好的人，今有「良莠不齊」，「莠民」謂壞人也。

菲 fēi　枲實也。从艸，肥聲。〔房未切〕蘠 菲，或从麻、賁。

【注釋】

麻子也。

茡 zì　麻母也。从艸，子聲。一曰：茡即枲也。〔疾吏切〕

【注釋】

今《爾雅》作芓，茡為母麻，即麻的雌株。枲，公麻也。

段注：「牡麻者，枲麻也。然則枲無實，茡乃有實。統言則皆稱枲，析言則有實者稱茡，無實者稱枲。」

冀 yì　茡也。从艸，異聲。〔羊吏切〕

蘇 sū（苏）　桂荏也。从艸，穌聲。〔素孤切〕

【注釋】

今簡化字作苏，乃另造之俗字也。本義是草名。桂荏，即紫蘇。引申為草義，又引申為取草義，「樵蘇」謂打柴取草也。又有取得義，如《離騷》：「蘇糞壤以充幃兮。」《說文》：「穌，把取禾若也。」引申為取得義，當為本字也。據段注，今復蘇、蘇醒本字亦當作穌。

段注：「《離騷》：蘇糞壤以充幃兮，謂申椒其不芳。王逸曰：蘇，取也。蘇，取

草也。此皆假蘇為穌也。蘇，桂荏也。蘇行而穌廢矣。」

荏 ^{（篆）} rěn　　桂荏，蘇。從艸，任聲。〔如甚切〕

【注釋】

荏之本義，白蘇也。段注：「是之謂轉注，凡轉注有各部互見者，有同部類見者。荏之別義為荏染。」段氏之轉注即互訓也。

常用義是柔、軟弱，《廣雅》：「荏，弱也。」今有「色厲內荏」。「荏染」，柔弱的樣子。《詩經‧小雅‧巧言》：「荏染柔木，君子樹之。」時間漸漸過去謂之「荏苒」。皆假借字也。

芺 ^{（篆）} shǐ　　菜也。從艸，矢聲。〔失匕切〕

薺 ^{（篆）} qǐ　　菜之美者，雲夢之薺。從艸，豈聲。〔驅喜切〕

葵 ^{（篆）} kuí　　菜也。從艸，癸聲。〔強惟切〕

【注釋】

葵，即葵菜也，常以葉向日，不令照其根，向日葵是其一種。小說《薛剛反唐》中人物有薛葵。

薑 ^{（篆）} jiāng（薑、姜）　　御濕之菜也。從艸，彊聲。〔居良切〕

【注釋】

薑，又作薑，調料也。姜本為姓氏，二字在古代不可通用，姜子牙絕不能寫成薑。今簡化漢字歸併為一。

蓼 ^{（篆）} liǎo　　辛菜，薔虞也。從艸，翏聲。〔盧鳥切〕

【注釋】

一年生草本植物，葉披針形，花小，白色或淺紅色，果實卵形、扁平，生長在水邊或水中。莖葉味辛辣，可用以調味，全草入藥，亦稱「水蓼」「薔虞」。蓼借為蓼蕭之蓼，長大貌。

菹 𦵔 zǔ　　菜也。从艸，祖聲。〔則古切〕

【注釋】

蕺菜，莖和葉有魚腥氣，全草入藥，也叫魚腥草。

蘧 𧂐 qú　　菜也，似蘇者。从艸，豦聲。〔彊魚切〕

【注釋】

即萵筍也。

薇 𧅁 wēi　　菜也，似藿。从艸，微聲。〔無非切〕𦼔 籀文薇省。

【注釋】

薇，即野豌豆，伯夷、叔齊所採者。

段注：「薇，今之野豌豆也，蜀人謂之大巢菜，按今四川人掐豌豆嫩梢食之，謂之豌豆顛顛，古之採於山者，野生者也。」

蓶 𧃍 wéi　　菜也。从艸，唯聲。〔以水切〕

菦 𧀴 qín　　菜，類蒿。从艸，近聲。《周禮》有「菦菹」。〔巨巾切〕

【注釋】

菦，今之芹菜字，下文「芹」字乃水芹，非今芹菜。

釀 𧆳 niàng　　菜也。从艸，釀聲。〔女亮切〕

莧 𦾈 xiàn　　莧菜也。从艸，見聲。〔侯澗切〕

芋 𦱝 yù　　大葉實根，駭人，故謂之芋也。从艸，于聲。〔徐鍇曰：芋猶言吁吁，驚辭，故曰駭人。〕〔王遇切〕

【注釋】

即芋頭。从于之字多有大義，如吁（大聲）、宇（大屋子）、迂（路長）等。

段注:「《口部》曰:吁,驚也。毛傳曰:吁,大也。凡于聲字多訓大。芋之為物,葉大根實,二者皆堪駭人,故謂之芋。」

莒   jǔ   齊謂芋為莒。从艸,呂聲。〔居許切〕

蘧   qú   蘧麥也。从艸,遽聲。〔強魚切〕

【注釋】

蘧麥,即瞿麥,草名,可入藥。俗謂之洛陽花,一名石竹。

菊   jú   大菊,蘧麥。从艸,匊聲。〔居六切〕

【注釋】

菊,非今菊花字。今菊花字作蘜,見下「蘜」字。

葷   hūn   臭菜也。从艸,軍聲。〔許云切〕

【注釋】

指有氣味的菜,如蔥蒜之類,非指今之葷腥者。今佛教中之葷素仍用其初義。雞鴨魚肉等肉食品氣味濃烈,故葷詞義擴大後亦可指稱之。見「薐」字注。

蘘   ráng   蘘荷也。一名葍蒩。从艸,襄聲。〔汝羊切〕

【注釋】

一名蘘草。亦名覆葅、葍蒩、尊苴、猼且。多年生草本植物,葉互生,橢圓狀披針形,冬枯。夏秋開花,花白色或淡黃,根似薑,可入藥。

菁   jīng   韭華也。从艸,青聲。〔子盈切〕

【注釋】

韭菜的花。《廣雅》曰:「韭,其華謂之菁。」泛指精華,今有「菁華」,精華也。「菁英」,精英也。「菁菁」,草木茂盛貌。《詩經》:「其葉菁菁。」

蘆   lú   蘆菔也。一曰:薺根。从艸,盧聲。〔落乎切〕

【注釋】

蘆菔即蘿蔔，一語之轉也。「芦」是「蘆」的簡化字。「芦」本讀 hù，同「芐」，是一種草的名字，後來借用「芦」作「蘆」的簡體字。最早見於元抄本《京本通俗小說》，明代《字彙》將「芦」作為「蘆」的簡化字收入。

菔 𦼫 fú　　蘆菔。似蕪菁，實如小尗者。从艸，服聲。〔蒲北切〕

【注釋】

蕪菁即蔓菁，一語之轉也。段注：「今之蘿蔔也。蕪菁即蔓菁。」

苹 𦳋 píng（蘋）　　𦳊也。無根，浮水而生者。从艸，平聲。〔符兵切〕

【注釋】

苹為藾蕭，生於野者，《詩經·鹿鳴》「呦呦鹿鳴，食野之苹」是也。非今苹果字，今苹果字古作蘋。𦳊、萍乃水草，生於水者，許君三物不別，因得互訓，見《水部》。徐灝《說文解字注箋》：「苹，藾蕭，異物同名，因以苹為藾蕭之專名，又增水旁作萍以為浮萍。」

茞 𦵯 chén　　艸也。从艸，臣聲。〔積鄰切〕

蘋 𧁡 pín　　大𦳊也。从艸，賓聲。〔符真切〕

【注釋】

水中大浮萍，也叫田字草。

藍 𧃲 lán　　染青艸也。从艸，監聲。〔魯甘切〕

【注釋】

本義是染青色的草，即藍草，用為顏色。見「碧」字注。监乃草書楷化字形，蓝同之。「藍本」謂著作依據的原本，也叫「藍印本」。古代書籍在雕版初成以後，一般先用藍色印刷若干部，以供校正改定之用，相當於今之校樣。定稿本再用墨印。「藍圖」謂描繪大的遠景，不細緻。

蕿 𧄔 xuān（萱）　　令人忘憂艸也。从艸，憲聲。《詩》曰：安得蕿艸？

〔況袁切〕 𤍕 或从煖。 𤏖 或从宣。

【注釋】

今通行重文萱，忘憂草也。

段注：「蕿之言諼也。諼，忘也。」《詩經》：「焉得萱草，言樹之背。」母親居住的北堂前種植萱草，故稱母親的居室為萱堂，後因以萱為母親或母親居處的代稱。見「廷」字注。《紅樓夢》：「北堂有萱兮，何以忘憂？」「萱辰」謂母親的生日。「萱親」為母親的別稱。「萱椿」謂父母也。

菅 𦿒 qiōng　　菅藭，香艸也。从艸，宮聲。司馬相如說。〔去弓切〕 𦿐
菅或从弓。

藭 𧃒 qióng　　菅藭也。从艸，窮聲。〔渠弓切〕

蘭 𧇴 lán（兰）　　香艸也。从艸，闌聲。〔落干切〕

【注釋】

本義是香草。《孔子家語》：「芝蘭生於深林，不以無人而不芳。」芝蘭皆芳草也。「義結金蘭」者，語本《周易·繫辭上》：「二人同心，其利斷金；同心之言，其臭如蘭。」

蘻 𧆾 jiān　　艸，出吳林山。从艸，姦聲。〔古顏切〕

【注釋】

連篆為讀，蘻艸，出吳林山。同「菅」，茅草。《山海經·中山經》：「又東百二十里，曰吳林之山，其中多蘻草。」郭璞注：「亦菅字。」一說「蘻」同「蕑」，即蘭草，段注補「香草也」。

荽 𦯴 suī　　薑屬，可以香口。从艸，俊聲。〔息遺切〕

【注釋】

荽，亦作荾，今之蘹薑也。薑，今簡化字歸併為姜。

芄 𦰹 wán　　芄蘭，莞也。从艸，丸聲。《詩》曰：芄蘭之枝。〔胡官切〕

【注釋】

芄蘭，長言之。莞，短言之。「芄蘭」亦名女青，莢實倒垂如錐形。《詩經》：「芄蘭之枝，童子佩觿。」觿是角質小錐子，與芄蘭之實相似，故借之起興也。

蕭 xiāo　　楚謂之蘺，晉謂之蕭，齊謂之茝。从艸，肅聲。〔許嬌切〕

蘺 lí　　江蘺，蘪蕪。从艸，離聲。〔呂之切〕

茝 chǎi　　蕭也。从艸，臣聲。〔昌改切〕

【注釋】

白芷也。香草名，芳香，根可為通竅藥。白芷有治便秘之用。

蘪 méi　　蘪蕪也。从艸，麋聲。〔靡為切〕

薰 xūn　　香艸也。从艸，熏聲。〔許云切〕

【注釋】

薰又叫蕙草，即薰衣草。《孔子家語》：「薰蕕不同器。」蕕，臭草也。段注：「《蜀都賦》劉注曰：葉曰蕙，根曰薰。薰即是零陵香也。」本義是香草，引申為香氣。江淹《別賦》：「閨中風暖，陌上草薰。」

薄 dú　　水萹茿。从艸，从水，毒聲。讀若督。〔徒沃切〕

【注釋】

即萹蓄，一名扁竹，或稱為萹竹。

萹 biǎn　　萹茿也。从艸，扁聲。〔方沔切〕

茿 zhú　　萹茿也。从艸，筑省聲。〔陟玉切〕

藒 qiè　　藒車也。从艸，楬聲。〔去謁切〕

【注釋】

　　芞輿，香草名。

　　芞 〔圖〕 qì　　芞輿也。从艸，气聲。〔去訖切〕

　　苺 〔圖〕 méi　　馬苺也。从艸，母聲。〔武罪切〕

　　茖 〔圖〕 gé　　艸也。从艸，各聲。〔古額切〕

【注釋】

　　茖即山蔥。段注：「《釋艸》：茖，山蔥。」

　　苷 〔圖〕 gān　　甘艸也。从艸，从甘。〔古三切〕

　　苧 〔圖〕 zhù　　艸也。从艸，予聲。可以為繩。〔直呂切〕

【注釋】

　　三棱草也。莖直立，三棱形，似莎草而長，多生沼澤旁，高三四尺，外表光澤，中有白穰，柔如藤，可織物。又音 xù，指櫟樹，亦指櫟實，即橡子也，典故有「狙公賦芧」。

　　藎 〔圖〕 jìn　　艸也。从艸，盡聲。〔徐刃切〕

【注釋】

　　草名，即王芻也。莖和葉可做黃色染料，纖維可做造紙原料。通稱藎草，亦稱黃草，又名菉草。《大雅》借為進字，常用有忠誠義，「藎臣」原指帝王所進用的臣子，後稱忠誠之臣。

　　蓫 〔圖〕 shù　　艸也。从艸，述聲。〔食聿切〕

　　葱 〔圖〕 rěn　　葱冬艸。从艸，忍聲。〔而軫切〕

【注釋】

　　段注：「亦作忍冬，今之金銀藤也，其花曰金銀花。」

萇 𦺇 cháng　　萇楚，跳弋。一名羊桃。从艸，長聲。〔直良切〕

【注釋】

即羊桃也。野生，開紫紅花，實如小桃，可食。

薊 𧅙 jì　　芺也。从艸，劍聲。〔古詣切〕

【注釋】

本義是草名，多年生草本植物，花紫色，可入藥，亦稱大薊。今作為地名薊縣字。芺亦稱苦芺，嫩苗可食用，一種菊科薊屬的宿根草。

菫 𦺝 lí　　艸也。从艸，里聲。讀若釐。〔里之切〕

【注釋】

羊蹄菜也。

藋 𧆣 diào　　釐艸也。一曰：拜商藋。从艸，翟聲。〔徒弔切〕

【注釋】

段注：「《說文》言一曰者有二例。一是兼採別說，一是同物二名。」

茇 𦸞 jī　　菫艸也。从艸，及聲。讀若急。〔居立切〕

菺 𦸏 jiàn　　山莓也。从艸，前聲。〔子賤切〕

薮 𧀉 mòu　　毒艸也。从艸，婺聲。〔莫候切〕

薶 𧀥 mǎo　　卷耳也。从艸，務聲。〔亡考切〕

薓 𧆻 shēn（參）　　人薓，藥艸，出上黨。从艸，浸聲。〔山林切〕

【注釋】

此「人參」本字，其狀類人者善，故名。

蘩 luán　　鳧葵也。从艸，䜌聲。〔洛官切〕

【注釋】

段注：「按蘩、蓴古今字，古作蘩，今作蓴、作蒓。」

莫 lì　　艸也。可以染留黃。从艸，戾聲。〔郎計切〕

【注釋】

即茢草。留黃，見「紫」字注。

蘇 qiáo　　蚍䘆也。从艸，收聲。〔渠遙切〕

【注釋】

蘇，即錦葵。《詩經·東門之枌》：「視爾如蘇，貽我握椒。」又作為「蕎」之異體字，如「蘇麥」。

蕃 pí　　蒿也。从艸，毗聲。〔房脂切〕

萬 yǔ　　艸也。从艸，禹聲。〔王矩切〕

荑 tí　　艸也。从艸，夷聲。〔杜兮切〕

【注釋】

一種似稗的雜草，通「稊」，如「不如荑稗」。又茅草的嫩芽，《詩經·衛風·碩人》：「手如柔荑。」

薛 xuē　　艸也。从艸，辥聲。〔私列切〕

【注釋】

本義為藾蒿，今作姓氏字。

苦 kǔ　　大苦，苓也。从艸，古聲。〔康杜切〕

【注釋】

本義為苦菜。《詩經·采苓》：「采苦采苦，首陽之下。」常用義是粗劣，如「苦

窳之器」。《國語》：「辨其功苦。」功，堅也。《詩經》：「我車既功。」

菩 _薜 bèi　　艸也。从艸，音聲。〔步乃切〕

【注釋】

　　本義為草名，可作席，今為菩薩字。段注：「《易》：豐其蔀。鄭、薛作菩，云小席。」

蓄 _薏 yì（薏）　　薏苢。从艸，意聲。一曰：蓄英。〔於力切〕

【注釋】

　　蓄，今隸變作薏。又叫作薏米、薏仁米、苡米、苡仁。也作「芣苢」，見下「苢」字注。

茅 _茅 máo　　菅也。从艸，矛聲。〔莫交切〕

菅 _菅 jiān　　茅也。从艸，官聲。〔古顏切〕

【注釋】

　　菅似茅，但滑澤無毛。今「草菅人命」，「草菅」即菅草，以大名冠小名也。

　　段注：「按統言則茅菅是一，析言則菅與茅殊。許菅茅互訓，此從統言也。陸機曰：菅似茅而滑澤，無毛。」

蘄 _蘄 qí　　艸也。从艸，靳聲。江夏有蘄春亭。〔臣鉉等案：《說文》無靳字，他字書亦無。此篇下有薪字，注云：江夏平春亭名。疑相承誤，重出一字。〕〔渠支切〕

【注釋】

　　本義是一種藥草，即當歸。古書常用為祈求字，《莊子》：「澤雉十步一啄，百步一飲，不蘄畜乎樊中。」

莞 _莞 guān　　艸也。可以作席。从艸，完聲。〔胡官切〕

【注釋】

　　今席子草，又指莞草編的席子。《詩經》：「下莞上簟，乃安斯寢。」「莞爾」，笑

貌，假借字也。

段注：「莞蓋即今席子草，細莖，圓而中空。鄭謂之小蒲，實非蒲也。《廣雅》謂之蔥蒲。」

藺 藺 lìn　　莞屬。从艸，閵聲。〔良刃切〕

【注釋】

《急就篇》有藺席。後作為姓氏，戰國有藺相如。

蒢 蒢 chú　　黃蒢，職也。从艸，除聲。〔直魚切〕

蒲 蒲 pú　　水艸也，可以作席。从艸，浦聲。〔薄胡切〕

蒻 蒻 ruó　　蒲子，可以為平席。从艸，弱聲。〔而灼切〕

【注釋】

本義是嫩蒲草，又指細蒲席。又指蓮莖入泥的白色部分，俗稱「藕鞭」。見「藚」字注。

段注：「蒲子者，蒲之少者也。凡物之少小者謂之子，或謂之女。今人謂蒲本在水中者為弱，弱即蒻，蒻必媆，故蒲子謂之蒻，非謂取水中之本為席也。」

蔘 蔘 shēn　　蒲蒻之類也。从艸，深聲。〔式箴切〕

蓷 蓷 tuī　　萑也。从艸，推聲。《詩》曰：中谷有蓷。〔他回切〕

【注釋】

即今之益母草。

萑 萑 zhuī　　艸多貌。从艸，隹聲。〔職追切〕

【注釋】

藥草名，即茺蔚，又名益母草。《爾雅·釋草》：「萑，蓷。」郭璞注：「今茺蔚也，又名益母。」

又音 huán，蘆葦一類的植物，初生名「葭」，幼小時叫「蒹」，長成後稱「萑」。

《詩經·七月》:「八月萑葦。」「萑葦」,兩種蘆類植物,蒹長成後為萑,葭長成後為葦。

葵　kuī　　缺盆也。从艸,圭聲。〔苦圭切〕

菌　jùn　　井藻也。从艸,君聲。讀若威。〔渠殞切〕

【注釋】

井藻,當作「牛藻」。小徐本「井」作「牛」。《顏氏家訓》引作「菌,牛藻也。讀若威」。

段注:「按藻之大者曰牛藻,凡艸類之大者多曰牛、曰馬。郭云:江東呼馬藻矣。」

莞　wán　　夫蘺也。从艸,睆聲。〔胡官切〕

【注釋】

夫蘺即今之白蒲。《本草》:「白蒲謂之苻蘺,楚謂之莞蒲。」

藶　lì　　夫蘺上也。从艸,鬲聲。〔力的切〕

【注釋】

上謂莖薹、菜薹也,蔬菜或草長出的花莛。徐鍇《繫傳》:「草木將生華,先抽莖薹,今謂之菜薹是也。」

苢　yǐ（苡）　　芣苢。一名馬舄。其實如李,令人宜子。从艸,㠯聲。《周書》所說。〔羊止切〕

【注釋】

也作「芣苡」,即今之車前草,食之令人易孕。「芣苡」初文作「不以」,「不以」即今「胚胎」之本字。聞一多謂「芣苡」即「胚胎」也。大禹乃其母修巳食芣苡而孕,故後代以姒為姓。姒字不見於許書,蓋古只作以,古書亦有作似者。

段注:「《釋艸》:芣苢,馬舄。馬舄,車前。《說文》凡云一名者皆後人所改竄。令人宜子,陸機所謂治婦人產難也。」

—65—

蕁 𧃐 tán　　芜藩也。从艸，尋聲。〔徒含切〕𧃐蕁，或从爻。

【注釋】

尋，邪母。蕁，定母。上古皆舌頭音。錢玄同有「邪紐歸定紐說」。

藯 𧆉 jī　　艸也。从艸，毄聲。〔古歷切〕

薖 𧆇 qiū　　艸也。从艸，區聲。〔去鳩切〕

茵 𧅘 gù　　艸也。从艸，固聲。〔古慕切〕

藼 𧅒 gàn　　艸也。从艸，榦聲。〔古案切〕

藷 𧅡 zhū　　藷蔗也。从艸，諸聲。〔章魚切〕

蔗 𧅣 zhè　　藷蔗也。从艸，庶聲。〔之夜切〕

【注釋】

即甘蔗。段注：「或作諸蔗，或都蔗，諸蔗二字疊韻也。或作竿蔗，或干蔗，象其形也。或作甘蔗，謂其味也。」

薴 𧆐 níng　　䍽薴，可以作縻綆。从艸，甯聲。〔女庚切〕

蕒 𧆌 sì　　艸也。从艸，賜聲。〔斯義切〕

苹 𦬐 zhōng　　艸也。从艸，中聲。〔陟宮切〕

蕡 𦬓 fú　　王蕡也。从艸，負聲。〔房九切〕

芺 𦭴 ǎo　　艸也。味苦，江南食以下氣。从艸，夭聲。〔烏皓切〕

薝 𦭱 xián　　艸也。从艸，弦聲。〔胡田切〕

蕕 蕕 yòu 　　艸也。从艸，蕕聲。蕕，籀文囿。〔于救切〕

莩 莩 fú 　　艸也。从艸，孚聲。〔芳無切〕

【注釋】

同「莩」，鬼目草。常用義是蘆葦稈裏的薄膜，「葭莩」喻微薄也，如「葭莩之親，鴻毛之重」。「餓殍」亦作「餓莩」。

蘭 蘭 yín 　　兔苽也。从艸，寅聲。〔翼真切〕

荓 荓 píng 　　馬帚也。从艸，并聲。〔薄經切〕

蕕 蕕 yóu 　　水邊艸也。从艸，猶聲。〔以周切〕

【注釋】

一種有臭味的草。《孔子家語》：「薰蕕不同器。」

菴 菴 àn 　　艸也。从艸，安聲。〔烏旰切〕

萁 萁 qí 　　月爾也。从艸，綦聲。〔渠之切〕

莃 莃 xī 　　兔葵也。从艸，稀省聲。〔香衣切〕

蒙 蒙 méng 　　灌渝。从艸，夢聲。讀若萌。〔莫中切〕

【注釋】

灌渝即薞蕵，竹筍也，乃竹或蘆葦之萌芽。《爾雅·釋詁》：「權輿，始也。」「權輿」乃薞蕵之假借。

蘆 蘆 fù 　　盜庚也。从艸，復聲。〔房六切〕

苓 苓 líng 　　卷耳也。从艸，令聲。〔郎丁切〕

【注釋】

即卷耳草，野菜也。見「苦」字注。

贛 贛 gàn / gòng　　艸也。从艸，贛聲。一曰：薏苢。〔古送切〕，又〔古禫切〕

【注釋】

段注：「古送切，又古禫切，古音在七八部，轉入九部。」

藭 藭 qióng　　茅，藭也。一名薅。从艸，夐聲。〔渠營切〕

【注釋】

段注：「藭茅，逗。各本無藭字，此淺人不知其不可刪而刪之。如雟周，燕也。今本刪雟字。其誤正同，今補。」

段注不認可「連篆為讀」之體例，認為是「淺人不知其不可刪而刪之」。

蒩 蒩 fū　　蒩也。从艸，富聲。〔方布切〕

蒩 蒩 fú　　蒩也。从艸，畐聲。〔方六切〕

蓨 蓨 tiáo　　苗也。从艸，脩聲。〔徒聊切〕

苖 苖 dí　　蓨也。从艸，由聲。〔徒歷切〕

【注釋】

「苖」俗字系統中常作「苗」字。

萇 萇 chāng　　艸，枝枝相值，葉葉相當。从艸，昜聲。〔楮羊切〕

薁 薁 yù　　嬰薁也。从艸，奧聲。〔于六切〕

【注釋】

即野葡萄。

蒇 蒇 zhēn　　馬藍也。从艸，咸聲。〔職深切〕

蕾 蕾 lǔ　　艸也，可以束。从艸，魯聲。〔郎古切〕 蕾 或从鹵。

【注釋】

段注：「《釋艸》云：蔄蘆。郭云：作履苴艸。」

蒯 蒯 kuǎi（蒯）　　艸也。从艸，叔聲。〔苦怪切〕

【注釋】

今作蒯字，常作姓氏字，如漢代有蒯通，即蒯徹，韓信的謀士，避漢武帝諱改。

蔞 蔞 lóu　　艸也，可以亨魚。从艸，婁聲。〔力朱切〕

【注釋】

即蔞蒿。段注：「按蔞蒿俗語耳，古只呼蔞。」蔞蒿空心，從婁之字多有空義，見後「婁」字注。

蘲 蘲 lěi　　艸也。从艸，畾聲。《詩》曰：莫莫葛蘲。一曰：秬鬯也。〔力軌切〕

【注釋】

段注：「按凡藤者謂之蘲，系之艸則有蘲字，系之木則有樏字，其實一也。凡字從畾聲者，皆有堆積之意，是以神名鬱壘。」

菟 菟 yuān　　棘菟也。从艸，冤聲。〔於元切〕

茈 茈 zǐ　　茈艸也。从艸，此聲。〔將此切〕

【注釋】

段注：「三字句，茈字僅得免刪，可以證蒯下必云『蒯艸也』，蘲下必云『蘲艸也』，皆淺人刪之。」

茈草夏時開白色小花，故名。從此之字多有小義，如柴（小木）、雌（雌性形體小）、疵（小病）、些（一點）等。

蓚 蓚 mò（蓚）　　芘艸也。从艸，須聲。〔莫覺切〕

【注釋】

今蓚之本字，《說文》無蓚字。段注：「古多借用為眇字，如『說大人則蓚之』，及凡言蓚蓚者皆是。」

蒯 蒯 cè　　烏喙也。从艸，則聲。〔阻力切〕

蒐 蒐 sōu　　茅蒐，茹藘，人血所生，可以染絳。从艸，从鬼。〔所鳩切〕

【注釋】

段注：「徐廣注《史記》云：『茜，一名紅藍，其花染繒赤黃。』此即今之紅花，張騫得諸西域者，非茜也。」

後作為「搜」之異體，經傳多以為春獵字。《左傳》：「春蒐，夏苗，秋獮，冬狩。」據傳，西域胭脂山上多茜草，婦女以之作胭脂。植物中的茜草、紅花、胭脂草、指甲花等都能染紅色，當屬一科，非同一物。

茜 茜 qiàn（蒨）　　茅蒐也。从艸，西聲。〔倉見切〕

【注釋】

茜又作蒨。茜本義是草名，即茜草。可以染紅，引申為紅色，如「茜紗」「茜衫」「茜裙」。

藐 藐 sì　　赤藐也。从艸，肆聲。〔息利切〕

薛 薜 bì　　牡贊也。从艸，辟聲。〔蒲計切〕

【注釋】

薜荔，又叫木蓮。《離騷》：「貫薜荔之落蕊。」王逸注：「薜荔，香草名，緣木而生。」

蓎 蓎 wáng　　杜榮也。从艸，忘聲。〔武方切〕

苞 苞 bāo　　艸也，南陽以為粗履。从艸，包聲。〔布交切〕

【注釋】

本義是草名，即薦草。席草，可製席子和草鞋。「苞履」，古人居喪所穿的一種草鞋。今作茂盛義，《詩經》：「如竹苞矣，如松茂矣。」段玉裁認為本義是草木的根或莖幹。《詩經‧商頌‧長發》：「苞有三蘖。」「苞桑」原指根深柢固的桑樹，比喻牢固的根基。「苞桑磐石」比喻極其堅固。

艾　ài　　冰臺也。从艸，乂聲。〔五蓋切〕

【注釋】

本義是草名，冰臺草即艾蒿，可供針灸之用。段注：「古多借為乂字，治也，又訓養也。」常用義老也，《小爾雅》：「艾，老也。」「耆艾之年」，耆是六十歲，艾是五十歲，泛指年老。

又停止也，今有「方興未艾」。又美好也，「少艾」者，年輕漂亮之人，《孟子》：「知好色則慕少艾。」又養也，《爾雅》：「艾，養也。」《詩經》：「保艾爾後。」又通「乂」，安也、治也，今有「四海艾安」。又通「懲」，懲戒也，今有「自怨自艾」。

葦　zhāng　　艸也。从艸，章聲。〔諸良切〕

芹　qín　　楚葵也。从艸，斤聲。〔巨巾切〕

【注釋】

本義是水芹，名楚葵。非今芹菜字，見「菦」字注。《說文通訓定聲》：「即今水芹菜也。」《呂氏春秋》：「菜之美者有雲夢之芹。」雲夢即楚地，即楚葵也。南方的是水芹，鮮而嫩，北方的旱芹，老而苦。

古代童子入學有「釋菜禮」，即入學的拜師儀式。清代每月朔日行釋菜禮，設酒、芹、棗、栗，祭酒三獻於孔子及顏淵、閔子騫等十哲位前。此芹即水芹，非今之芹菜也。《詩經》：「觱沸檻泉，言采其芹。」即水芹也。《詩經》說的采芹，鄭玄箋：「芹，水菜也。」即水芹。

芹乃易採之物，後來用作贈人禮物或進言的謙辭。今有「芹獻」，謙稱贈人的禮品菲薄或所提的建議淺陋。《西遊記》：「如不棄嫌，願表芹獻。」高適《自淇涉黃河途中作詩》：「尚有獻芹心，無因見明主。」辛棄疾有《美芹十論》，「美芹」亦為謙虛之詞。

蓁 𧂇 zhēn　　豕首也。从艸，甄聲。〔側鄰切〕

蔦 𧈧 diǎo　　寄生也。从艸，鳥聲。《詩》曰：蔦與女蘿。〔都了切〕

【注釋】

段注改作「寄生草也」。

芸 𦰩 yún　　艸也，似目宿。从艸，云聲。《淮南子》說：芸艸可以死復生。〔王分切〕

【注釋】

又名芸香草，古人以之藏書避蟲。故藏書處謂之芸局、芸窗、芸署、芸閣、芸臺；書冊謂之芸帙、芸編、芸簽。從云之字多有回轉義，見後「沄」字注。芸草可以起死回生，故謂之芸。

段注：「今謂之七里香者是也。葉類豌豆，其葉極芬香，古人用以藏書辟蠹，採置席下，能去蚤虱。」

蔽 𦳆 cuì　　艸也。从艸，叡聲。〔粗最切〕

葎 𦺕 lǜ　　艸也。从艸，律聲。〔呂戌切〕

萊 𦳖 cè　　莿也。从艸，束聲。〔楚革切〕

【注釋】

今針刺之本字。刺的本義是刺殺，《說文》：「刺，君殺大夫曰刺。」段注：「木芒曰束，艸芒曰萊，因木芒之字為義與聲也。」

苦 𦻍 kuò　　苦婁，果蓏也。从艸，昏聲。〔古活切〕

葑 𦿵 fēng　　須從也。从艸，封聲。〔府容切〕

【注釋】

即野蘿蔔，蔓菁也。也叫須從，合音為菘，即葑。根大，故得名。封，大也。

《詩經》:「采葑采菲,無以下體。」蔓青葉、根、莖都可食,但味苦,菲亦蕪菁類植物,比喻不因其所短而捨其所長。凡人、物但有一點可取的,後稱為「葑菲」。

段注:「單呼之為葑,累呼之為葑從。單呼之為須,累呼之為須從。語言之不同也。在南為菘,在北為蕪菁、蔓菁。」

薺 〔cì / jì〕　蒺棃也。从艸,齊聲。《詩》曰:牆有薺。〔疾諮切〕,又〔徂禮切〕

【注釋】

今茨之本字。今《墉風》《小雅》皆作茨,《說文》:「茨,以茅葦蓋屋。」非本字明矣。《釋名》曰:「屋以草蓋曰茨。茨,次也。次草為之也。」

莿 〔cì〕　朿也。从艸,刺聲。〔七賜切〕

董 〔dǒng〕　鼎董也。从艸,童聲。杜林曰:藕根。〔多動切〕

藈 〔jì〕　狗毒也。从艸,繫聲。〔古詣切〕

薻 〔sǎo〕　艸也。从艸,嫂聲。〔蘇老切〕

苄 〔hù〕　地黃也。从艸,下聲。《禮記》:鉶毛:牛藿,羊苄,豕薇。是。〔侯古切〕

蘞 〔liǎn〕　白蘞也。从艸,僉聲。〔良冉切〕蘝 蘞,或从斂。

荃 〔qín〕　黃荃也。从艸,金聲。〔具今切〕

【注釋】

段注:「《本草經》《廣雅》皆作黃芩。今藥中黃芩也。」

芩 〔qín〕　艸也。从艸,今聲。《詩》曰:食野之芩。〔巨今切〕

【注釋】

段注：「許君黃菳字从金聲，《詩》野芩字从今聲，截然分別，他書亂之，非也。」

蔈 蔈 biāo　　鹿藿也。从艸，麃聲。讀若剽。一曰：蔽屬。〔平表切〕

薏 薏 yì　　綬也。从艸，鷁聲。《詩》曰：邛有旨薏。〔五狄切〕

【注釋】

同「鶂」，一種雜色小草，又稱綬草。

薐 薐 líng（菱）　　芰也。从艸，淩聲。楚謂之芰，秦謂之薢茩。〔力膺切〕 薐 司馬相如說：薐从遴。

【注釋】

俗字作菱。即菱角，可食。

芰 芰 jì　　薐也。从艸，支聲。〔奇記切〕 芰 杜林說：芰从多。

【注釋】

段注：「芰者菱之葉，菱者芰之實，菱之言棱角也，芰之言支起也。」

薢 薢 xiè　　薢茩也。从艸，解聲。〔胡買切〕

茩 茩 gòu　　薢茩也。从艸，后聲。〔胡口切〕

【注釋】

段注：「菱以角得名，菱之言棱也，茩之言角也。」

芡 芡 qiàn　　雞頭也。从艸，欠聲。〔巨險切〕

【注釋】

一年生水草，莖葉有刺，亦稱「雞頭」。種子的仁可食，經碾磨製成澱粉稱「芡粉」，亦稱「雞頭米」。

蘜 蘜 jú（菊）　　日精也，以秋華。从艸，𥷚省聲。〔居六切〕 蘜 蘜或省。

【注釋】

此菊花之本字，菊花別名曰精。見前「菊」字注。

蘥 𦼴 yuè　　爵麥也。从艸，龠聲。〔以勺切〕

【注釋】

即燕麥。段注：「爵當依今《釋艸》作雀，許君從所據耳。郭云：即燕麥也。生故墟野林下，苗實俱似麥。」

蔌 𦸣 sù　　牡茅也。从艸，遬聲。遬，籀文速。〔桑谷切〕

私 𦳊 sī　　茅秀也。从艸，私聲。〔息夷切〕

蒹 𦸜 jiān　　藿之未秀者。从艸，兼聲。〔古恬切〕

【注釋】

藿，古同「萑」，荻也，像蘆葦，蘆葦中空，荻中實。初生名「葭」，幼小時叫「蒹」，長成後稱「萑」。

段注：「凡經言萑葦、言蒹葭、言葭葵皆並舉二物。蒹、葵、萑一也，今人所謂荻也。葭、葦一也，今人所謂蘆也。萑一名薍，一名雚，一名蒹。葦一名華。」

薍 𦺉 wàn　　菿也。从艸，亂聲。八月薍為萑也。〔五患切〕

菿 𦸊 tǎn（葵）　　藿之初生。一曰薍。一曰雚。从艸，剡聲。〔土敢切〕𦺅 葵，或从炎。

蒹 𦻞 lián　　蒹也。从艸，廉聲。〔力鹽切〕

蕀 𦻀 fán　　青蕀，似莎者。从艸，煩聲。〔附袁切〕

茚 𦵮 áng　　昌蒲也。从艸，卬聲。益州云。〔五剛切〕

蒴 𦼰 yè　　茚蒴也。从艸，邪聲。〔以遮切〕

芀 芀 tiáo　　葦華也。从艸，刀聲。〔徒聊切〕

【注釋】

蘆葦的花穗。《荀子‧勸學》「繫之葦苕」之本字。苕可作帚，故叫「苕帚」，今河南方言猶有此語。段注：「凡言芀秀者，多借苕字為之。」

茢 茢 liè　　芀也。从艸，列聲。〔良薛切〕

【注釋】

苕謂之茢，苕帚亦謂之茢。

菡 菡 hàn　　菡萏也。从艸，函聲。〔胡感切〕

藺 藺 dàn（萏）　　菡藺，芙蓉華。未發為菡藺，已發為芙蓉。从艸，閻聲。〔徒感切〕

【注釋】

俗作萏。段注：「許意扶渠為華、葉、莖、實、本、根之總名。許意菡之言含也，夫之言敷也，故分別之。」

蓮 蓮 lián　　芙蕖之實也。从艸，連聲。〔洛賢切〕

【注釋】

本義是蓮子。

茄 茄 jiā　　芙蕖莖。从艸，加聲。〔古牙切〕

【注釋】

本義是荷莖。

荷 荷 hé　　芙蕖葉。从艸，何聲。〔胡哥切〕

【注釋】

段注：「大葉駭人，故謂之荷。高注《淮南》云：荷，夫渠也。其莖曰茄，其

本曰蔤，其根曰藕，其華曰夫容，其秀曰菡萏，其實蓮，蓮之藏者茄，茄之中心曰薏。」

蔤 𧆐 mì　　芙蕖本。从艸，密聲。〔美必切〕

【注釋】

蔤是蓮莖入泥的白色部分，俗稱藕鞭、藕帶、藕梢。

藕 𧂇 ǒu（藕）　　芙蕖根。从艸、水，禺聲。〔五厚切〕

【注釋】

今作藕。從禺之字多有兩兩對稱義，如偶（木偶）、耦（兩個人並耕）、遇（相遇）、寓（以物寄託）等。藕節節對應，故名。

龍 𧆩 lóng　　天蘥也。从艸，龍聲。〔盧紅切〕

【注釋】

本義是草名。今常「蔥蘢」「蘢蔥」連用，草木茂盛也。

蓍 𧆚 shī　　蒿屬。生十歲百莖，《易》以為數。天子蓍九尺，諸侯七尺，大夫五尺，士三尺。从艸，耆聲。〔式脂切〕

【注釋】

耆者，老也，聲兼義。《尚書大傳》：「蓍之為言耆也，百年一本生百莖。」商人占卜用龜，叫占；周人用蓍草，叫筮。

菣 𧊍 qìn　　香蒿也。从艸，臤聲。〔去刃切〕𧎡 菣，或从堅。

【注釋】

青蒿，莖葉可入藥，亦稱「香蒿」。今人呼為青蒿，香中炙啖者為菣。

莪 𧊐 é　　蘿莪，蒿屬。从艸，我聲。〔五何切〕

【注釋】

莪蒿一名蘿蒿。

蘿 𧄼 luó　　莪也。从艸，羅聲。〔魯何切〕

【注釋】

本義是莪蒿。今通常指某些能爬蔓的植物，如「蔦蘿」「女蘿」。古之名物字，單用合用所指非一。蘿單用指莪蒿，與「蘿蔔」絕非一物也。

菻 𣛤 lǐn　　蒿屬。从艸，林聲。〔力稔切〕

【注釋】

段注：「郭樸曰：莪蒿亦曰蘿蒿。按蘿同菻，許不言莪、菻一物也。」

蔚 𧁲 wèi　　牡蒿也。从艸，尉聲。〔於胃切〕

【注釋】

本義是一種蒿草。常用義是草木茂盛，《廣雅》：「蔚，盛也。」如「芊蔚」。段注：「古多借為茂鬱字。」本字當是鬱字，鬱有茂盛義，今有「鬱鬱蔥蔥」。引申盛大義，今有「蔚然成風」「蔚為大觀」。引申有文采華美義，今有「雲蒸霞蔚」，謂彩霞漂亮也。

蕭 蕭 xiāo　　艾蒿也。从艸，肅聲。〔蘇雕切〕

【注釋】

本義是艾蒿，今人所謂萩蒿也。常用為冷落、無生氣義，今有「蕭瑟」「蕭然」。乃「肅」之通假。段注：「與肅同音通用，蕭牆、蕭斧皆訓肅。」

「蕭蕭」謂馬叫聲或風聲，《詩經》：「蕭蕭馬鳴。」「蕭牆」即古代對門之屏風，朝人君者至此而嚴肅，故稱。蕭牆之內已經是主人的院落，故代指內部，今有「禍起蕭牆」。

萩 𣛎 qiū　　蕭也。从艸，秋聲。〔七由切〕

【注釋】

萩即荻。荻的杆是實的，蘆葦是中空的。

芍 𦯨 xiào　　鳧茈也。从艸，勺聲。〔胡了切〕

【注釋】

段注：「今人謂之葧臍，即鳧茈之轉語。」葧臍，今作荸薺。芍，今作為芍藥字。

葥 jiǎn　王彗也。从艸，湔聲。〔昨先切〕

【注釋】

段注：「凡物呼王者皆謂大。」

蔿 wěi　艸也。从艸，為聲。〔于鬼切〕

芜 chén　艸也。从艸，冘聲。〔直深切〕

蘜 jú　治蘠也。从艸，鞠聲。〔居六切〕

【注釋】

治蘠即今菊花之別名，見上「菊」字注。

蘠 qiáng（薔）　蘠蘼，虋冬也。从艸，牆聲。〔賤羊切〕

【注釋】

今作薔，蘠蘼即薔薇也，一語之轉也。

芪 qí　芪母也。从艸，氏聲。〔常之切〕

【注釋】

多年生草本植物，葉細長，花淡紫色，亦稱知母。段注：「名蝭母，一名知母，一名蚳母，皆同部同音。」今又作「黃芪」字，藥材也。

菀 wǎn　茈菀，出漢中房陵。从艸，宛聲。〔於阮切〕

【注釋】

《詩經》「菀彼北林」「有菀者柳」，假借為鬱字。鬱，茂盛也。

莔 méng　貝母也。从艸，朙省聲。〔武庚切〕

【注釋】

段注：「《詩》：言採其蝱。毛傳曰：蝱，貝母。《釋艸》《說文》作莔，莔正字，蝱假借字也。」

朮   zhú（术）   山薊也。从艸，朮聲。〔直律切〕

【注釋】

今省作朮，俗又作术，如山术、白术、金兀术。今廢朮字。

蓂   mì   析蓂，大薺也。从艸，冥聲。〔莫歷切〕

菋   wèi   荎藸也。从艸，味聲。〔無沸切〕

【注釋】

荎藸，藥材五味子的別名。

荎   chí   荎藸，艸也。从艸，至聲。〔直尼切〕

藸   chú   荎藸也。从艸，豬聲。〔直魚切〕

葛   gé   絺綌艸也。从艸，曷聲。〔古達切〕

蔓   màn   葛屬。从艸，曼聲。〔無販切〕

藁   gāo   葛屬，白華。从艸，皋聲。〔古勞切〕

莕   xìng（荇）   菨餘也。从艸，杏聲。〔何梗切〕莕，或从行，同。

【注釋】

今通行重文荇，《詩經》：「參差荇菜，左右采之。」多年生草本植物，葉子略呈心形，浮在水面，根生在水底，花黃色，果橢圓形，莖可以吃，全草入藥。

菨   jiē   菨餘也。从艸，妾聲。〔子葉切〕

【注釋】

段注：「《周南》：參差荇菜。毛傳：荇，接餘也。《釋艸》荇作莕。毛傳、陸疏作接餘。按莕菜，今江浙池沼間多有，葉不正圓，花黃六出，北方以人莧當之，南方以蓴絲當之，皆非也。」

蔂 蠡 kūn 　艸也。从艸，蠹聲。〔古渾切〕

芫 芫 yuán 　魚毒也。从艸，元聲。〔愚袁切〕

【注釋】

段注：「芫草一名魚毒，煮之以投水中，魚則死而浮出，故以為名，其華可以為藥。芫字或作杭。」

蘦 蘦 líng 　大苦也。从艸，霝聲。〔郎丁切〕

【注釋】

見「苦」字注。

稊 稊 tí 　稊芺也。从艸，稊聲。〔大兮切〕

芺 芺 dié 　稊芺也。从艸，失聲。〔徒結切〕

芀 芀 tīng 　芀熒，朐也。从艸，丁聲。〔天經切〕

蔣 蔣 jiāng / jiǎng 　苽蔣也。从艸，將聲。〔子良切〕〔即兩切〕

【注釋】

本義是一種菰類植物。

苽 苽 gū（菰）　雕苽。一名蔣。从艸，瓜聲。〔古胡切〕

【注釋】

今作菰。多年生草本植物，生在淺水裏，嫩莖稱茭白、蔣，可做蔬菜。果實稱菰米、雕胡米，可煮食。

段注改作「雕胡」，云：「雕胡，枚乘《七發》謂之安胡，其葉曰瓜、曰蔣，俗曰葖。其中臺如小兒臂，可食，曰瓜手，其根曰葑。」

菅 yù　　艸也。从艸，育聲。〔余六切〕

龍 pí　　艸也。从艸，罷聲。〔符羈切〕

蘸 rán（然）　　艸也。从艸，難聲。〔如延切〕

【注釋】

然之異體字，《火部》重出，見「然」字注。

莨 láng　　艸也。从艸，良聲。〔魯當切〕

【注釋】

即狼尾草，常作「稂」字。段注：「狼尾似狗尾而麤壯者也。」

蔓 yāo　　艸也。从艸，要聲。《詩》曰：四月秀蔓。劉向說：此味苦，苦蔓也。〔於消切〕

【注釋】

一說即狗尾草。

薖 kē　　艸也。从艸，過聲。〔苦禾切〕

【注釋】

段注：「《衛風》：碩人之薖。假藉此字，毛云：寬大貌。按毛、鄭意謂薖為款之假借。」

菌 jùn　　地蕈也。从艸，困聲。〔渠殞切〕

蕈 xùn　　桑葽。从艸，覃聲。〔慈衽切〕

【注釋】

桑樹上的木耳。段注：「葽之生於桑者曰蕈，蕈之生於田中者曰菌先。」

蝡 蠕 ruǎn　　木耳也。从艸，耎聲。一曰：蕭茈。〔而兗切〕

【注釋】

段注：「今人謂光滑者木耳，皺者蕢。」

葚 蘁 shèn　　桑實也。从艸，甚聲。〔常衽切〕

【注釋】

即今桑葚也，或作桑椹。

蒟 蔄 jǔ　　果也。从艸，竘聲。〔俱羽切〕

【注釋】

即枸杞之本字也。《說文》：「枸，木也。」本義是樹名。

芘 蕥 pí　　艸也。一曰：芘茮木。从艸，比聲。〔房脂切〕

蕣 蘿 shùn　　木堇，朝華暮落者。从艸，舜聲。《詩》曰：顏如蕣華。〔舒閏切〕

【注釋】

今《詩經》作「顏如舜華」，舜為假借。

萸 蒰 yú　　茱萸也。从艸，臾聲。〔羊朱切〕

茱 萗 zhū　　茱萸，茮屬。从艸，朱聲。〔市朱切〕

【注釋】

茱萸，亦辣椒類。

茮 蒜 jiāo　　茮莍。从艸，尗聲。〔子僚切〕

【注釋】

即今辣椒字。茮莍即花椒。段注：「茮莍蓋古語，猶《詩》之椒聊也。單呼曰茮，累呼曰茮莍、茮聊。」

莍 qiú　　茉，椒實，裹如裘者。从艸，求聲。〔巨鳩切〕

【注釋】

　　從求之字多有聚集義，花椒多子，故稱莍。見後「梂」字注。

荊 jīng　　楚木也。从艸，刑聲。〔舉卿切〕古文荊。

【注釋】

　　本義是荊條，今有「負荊請罪」。《林部》曰：「楚，叢木。一名荊。」秦始皇父名子楚，避諱故稱楚國為荊國。見「楚」字注。

菭 tái（苔）　　水衣。从艸，治聲。〔徒哀切〕

【注釋】

　　本義是海帶。今作苔蘚字，《說文》無「苔」字。

芽 yá　　萌芽也。从艸，牙聲。〔五加切〕

【注釋】

　　古多以牙為芽。

萌 méng　　艸芽也。从艸，明聲。〔武庚切〕

【注釋】

　　本義是萌芽，古籍常通「氓」，民也，如「民萌」。

茁 zhuó　　艸初生出地貌。从艸，出聲。《詩》曰：彼茁者葭。〔鄒滑切〕

【注釋】

　　本義是草剛長出地面的樣子。今有茁壯義。

莖 jīng　　枝柱也。从艸，巠聲。〔戶耕切〕

莛 tíng　　莖也。从艸，廷聲。〔特丁切〕

【注釋】

《說苑》：「建天下之鳴鐘，撞之以莛。」從廷之字多有小義，又有直義，如挺、梃（小木棍）、脡（條狀乾肉）。

葉 𣜩 yè（叶）　　艸木之葉也。从艸，枼聲。〔與涉切〕

【注釋】

今簡化作「叶」，古「叶」同「協」，古代有「叶音說」，與「葉」不同音亦不同義，今歸併為一字。

段注：「凡物之薄者，皆得以葉名。」從枼之字多有薄片義，見「牒」字注。「葉」有世代、時期義，今有「本世紀中葉」，中葉即中世、中期也，見後「世」字注。「奕葉」猶累世也。

蔇 𧅀 jì　　艸之小者。从艸，劇聲。劇，籀文銳字。讀若芮。〔居例切〕

茀 𦸏 fú　　華盛。从艸，不聲。一曰：茀菖。〔縛牟切〕

【注釋】

段注：「《詩》言江漢浮浮、雨雪浮浮，皆盛貌。茀與浮聲相近。」

葩 𦾓 pā　　華也。从艸，皅聲。〔普巴切〕

【注釋】

本義是花朵。今有「奇葩」。引申出華美義，韓愈《進學解》：「詩正而葩。」「紛葩」謂繁多貌。「華」有花朵義，引申出華美義，同步引申也。

段注：「古光華字與花實字同義同音。葩之訓華者，艸木花也，亦華麗也。艸木花最麗，故凡物盛麗皆曰華。」

芛 𦭰 wěi　　艸之皇榮也。从艸，尹聲。〔羊捶切〕

【注釋】

段注：「今俗呼艸木華初生者為芛。」

蘤 𧂄 huà　　黃華。从艸，觟聲。讀若墮壞。〔乎瓦切〕

薸 薸 biāo　　苕之黃華也。从艸，票聲。一曰：末也。〔方小切〕

【注釋】

從票之字多有尖端義，如標（本義是樹梢）、鏢等。亦有黃色義，如驃，秦瓊之坐騎曰黃驃馬。

英 英 yīng　　艸榮而不實者。一曰：黃英。从艸，央聲。〔于京切〕

【注釋】

草榮而實者曰秀。榮、華、秀、英皆花之異名。靈芝謂之「三秀」，因三年開花一次，《楚辭》：「采三秀於山間。」「落英繽紛」，落花也。華山者，狀如花朵也。張九齡《感遇》：「蘭葉春葳蕤，桂華秋皎潔。」「桂華」，桂花也。

古詩「攀條折其榮」者，折其花也。今有「榮華富貴」，「榮華」同義連文。又文采、辭藻謂之英，如「英華」，宋代四大類書有《文苑英華》，乃《文選》之續作，古代之優秀作文選。「華」亦有此義，今有「才華」。

薾 薾 ěr　　華盛。从艸，爾聲。《詩》曰：彼薾惟何？〔兒氏切〕

【注釋】

從爾之字多有繁盛義，如彌（滿也，遍也）、瀰（水大）等。

萋 萋 qī　　艸盛。从艸，妻聲。《詩》曰：菶菶萋萋。〔七稽切〕

【注釋】

本義是草盛貌。《黃鶴樓》：「芳草萋萋鸚鵡洲。」引申為有文采貌，《詩經》：「萋兮斐兮，成是貝錦。」

菶 菶 běng　　艸盛。从艸，奉聲。〔補蠓切〕

【注釋】

本義是草盛貌。

薿 薿 nǐ　　茂也。从艸，疑聲。《詩》曰：黍稷薿薿。〔魚己切〕

【注釋】

段注:「箋云:薿薿然而茂盛。《廣雅・釋訓》:薿薿,茂也。」

葳 蕤 ruí　　艸木華垂貌。从艸,甤聲。〔儒佳切〕

【注釋】

葳蕤,草木茂盛貌。張九齡《感遇》:「蘭葉春葳蕤,桂華秋皎潔。」段注:「引申凡物之垂者皆曰蕤。冠緌,系於纓而垂者也。」

葼 葼 zōng　　青、齊、沇、冀謂木細枝曰葼。从艸,㚇聲。〔子紅切〕

【注釋】

《方言》:「慈母之怒子也,雖折葼笞之,其惠存焉。」惠,愛也。

蓻 蓻 yí　　艸萎蓻。从艸,移聲。〔弋支切〕

【注釋】

本義是草動貌。徐灝《說文解字注箋》:「凡言逶迤、委蛇,皆字異而意同。」

薳 薳 yuán　　艸木形。从艸,原聲。〔愚袁切〕

莢 莢 jiá　　艸實。从艸,夾聲。〔古叶切〕

芒 芒 máng　　艸端。从艸,亡聲。〔武方切〕

【注釋】

本義是植物的尖端,泛指尖端,今有「鋒芒畢露」。引申出光彩義,今有「光芒」。段注:「《說文》無鋩字,此即鋒鋩字也。」

蕍 蕍 wěi　　藍蓼秀。从艸,隨省聲。〔羊捶切〕

蔕 蔕 dì(蒂)　　瓜當也。从艸,帶聲。〔都計切〕

【注釋】

今作蒂。當者,端也。瓜之底端連莖者,故謂之瓜當,如瓦頭謂之瓦當也。今

有「瓜熟蒂落」「並蒂蓮」。「芥蒂」「蒂芥」謂小的梗塞矛盾。蒂又泛指端、頭，如「陰蒂」「煙蒂」。

荄 𦬼 gāi / jiē　　艸根也。从艸，亥聲。〔古哀切〕，又〔古諧切〕

【注釋】

本義是草根，今有「根荄」。

菌 𦬠 yǔn　　荄也。茅根也。从艸，均聲。〔于敏切〕

茇 𦭗 bá　　艸根也。从艸，犮聲。春艸根枯，引之而發土為撥，故謂之茇。一曰：艸之白華為茇。〔北末切〕

【注釋】

見後「坺」字注。引申為在草舍住宿，《詩經》：「勿剪勿伐，召伯所茇。」

芃 𦱄 péng　　艸盛也。从艸，凡聲。《詩》曰：芃芃黍苗。〔房戎切〕

【注釋】

段注：「《鄘風》：芃芃其麥。毛曰：芃芃然方盛長。隸變从林，而葛洪《字苑》始有梵字，潔也。凡泛切。」凡聲者，見「鳳」「風」字注。

薄 𦬾 fū　　華葉布。从艸，傅聲。讀若傅。〔方遇切〕

【注釋】

從專之字多有散開義，見後「專」字注。

萩 𦵮 zí　　艸木不生也。一曰：茅芽。从艸，執聲。〔姊入切〕

荶 𦶀 yín　　艸多貌。从艸，狋聲。江夏平春有荶亭。〔語斤切〕

【注釋】

段注：「凡云有某亭、有某縣者，皆證其字形。不必名縣、名亭取字義也。」

茂 𦱶 mào　　艸豐盛。从艸，戊聲。〔莫候切〕

【注釋】

引申出大義，美好義，如「元功茂勳」，瓦崗英雄有徐茂公（或作徐懋功）。《詩經》：「子之茂兮，遭我乎猺之道兮。」段注：「茂之引申借為懋勉字。」《爾雅》：「茂，勉也。」

蒣 𦷾 chàng　　艸茂也。从艸，暢聲。〔丑亮切〕

【注釋】

今「草木暢茂」之本字。段注：「《孟子》《史記》：艸木暢茂，字皆作暢，俗又作暢。」《說文》無暢字。暢有茂盛義，本字當作蒣。

蔭 𦸗 yìn　　艸陰地。从艸，陰聲。〔於禁切〕

【注釋】

草覆蓋土地。引申有遮蓋義。又指帝王給有功大臣子孫的封賞，今有「封妻蔭子」，該義或作「廕」。

段注：「引申為凡覆庇之義也。《釋言》曰：庇、茠，蔭也。《說文》曰：庇，蔭也。」「蔽」「蔭」有別，「蔽」可以從前後左右遮住，也可以從上。「蔭」只能從上遮住，而且指遮住陽光。

蒩 𧅂 chòu　　艸貌。从艸，造聲。〔初救切〕

【注釋】

同「簉」，副也，附屬也。

茲 𦳦 zī　　艸木多益 [1]。从艸，**茲省聲** [2]。〔子之切〕

【注釋】

[1] 今滋生之初文。「茲」常用年義，如「今茲」「來茲」。又有現在義，如「茲介紹如下」。

[2] 茲與《玄部》訓黑之茲有別。今隸變作茲，無別。小徐本「茲」作「絲」。「茲省聲」，段注改作「絲省聲」，云：「絲，宋本作茲，非也。茲從二玄，音玄。茲從絲省聲，《韻會》作丝聲。丝者，古文絲字。滋、孳、鷥皆茲聲，子之切。經

典茲，此也，《唐石經》皆誤作茲。」

據段注，今從茲之滋、孳、鶿等字，本應從茲。見後「茲」字注。

蔋 dí　　艸旱盡也。从艸，俶聲。《詩》曰：蔋蔋山川。〔徒歷切〕

【注釋】

今《詩經》作「滌滌山川」。滌滌，光禿無草木貌，本字當作蔋。

蔽 xiāo　　艸貌。从艸，歊聲。《周禮》曰：轂獘不蔽。〔許嬌切〕

蔇 jì　　艸多貌。从艸，既聲。〔居味切〕

【注釋】

穊，稠也，同源詞也。

薋 cí　　艸多貌。从艸，資聲。〔疾茲切〕

【注釋】

段注：「蒺藜之字，《說文》作薺，今《詩》作茨，叔師所據《詩》作薋，皆假借字耳。」

蓁 zhēn　　艸盛貌。从艸，秦聲。〔側詵切〕

【注釋】

《詩經》：「其葉蓁蓁。」傳曰：「蓁蓁，至盛貌。」

莦 shāo　　惡艸貌。从艸，肖聲。〔所交切〕

芮 ruì　　芮芮，艸生貌。从艸，內聲。讀若汭。〔而銳切〕

【注釋】

芮芮與茙茙雙聲，柔細之狀。

茬 chì　　艸貌。从艸，在聲。濟北有茬平縣。〔仕甾切〕

【注釋】

今作為「找茬」字。

薈 㼤 huì　　艸多貌。从艸，會聲。《詩》曰：薈兮蔚兮。〔烏外切〕

【注釋】

本義是草多貌。引申為凡物會萃之義，今有「薈萃」。「薈蔚」，雲興貌，又草木茂盛貌。

茆 㽅 mào　　細草叢生也。从艸，敄聲。〔莫候切〕

【注釋】

段注：「茆與茂音義同。《廣雅》曰：蓩蓩，茂也。蓩即茆之訛。」

芼 㽅 mào　　艸覆蔓。从艸，毛聲。《詩》曰：左右芼之。〔莫抱切〕

【注釋】

段注：「芼字本義是艸覆蔓，故从艸、毛會意。因之《爾雅》曰：搴也。毛公曰：擇也。皆於从毛得解。」常用義是拔取，《詩經》：「參差荇菜，左右芼之。」

蒼 㽅 cāng　　艸色也。从艸，倉聲。〔七岡切〕

【注釋】

本義是草的顏色，段注：「引申為凡青黑色之稱。」又灰白色，今有「蒼白」。《賣炭翁》：「兩鬢蒼蒼十指黑。」見「碧」字注。

蔩 㽅 lán　　艸得風貌。从艸、風。讀若婪。〔盧含切〕

萃 㽅 cuì　　艸聚貌。从艸，卒聲。讀若瘁。〔秦醉切〕

【注釋】

本義是草聚，泛指聚集，今有「萃取」。又指聚集在一起的人群物類，今有「出類拔萃」。

蒔 㽅 shì　　更別種。从艸，時聲。〔時吏切〕

【注釋】

　　謂移植也，《尚書》「播時百穀」之本字也。泛指種植。段注：「今江蘇人移秧插田中曰蒔秧。」

　　苗 ㊉ miáo　　艸生於田者。从艸，从田。〔武鑣切〕

【注釋】

　　今「不毛之地」，毛通苗。子孫後代謂之苗，今有「苗裔」。

　　苛 ㊉ kē　　小艸也。从艸，可聲。〔乎哥切〕

【注釋】

　　本義是小草，引申為凡瑣碎之稱，今有「苛捐雜稅」。又有苛刻、過分義，今有「苛責」「苛求」。從可之字、之音多有小義，如坷（小土塊）、柯（小樹枝）、顆（本義是頭小）等。亦有大義，如荷（本義是荷葉）、舸（大船）、河（本義是黃河）等。

　　蕪 ㊉ wú　　薉也。从艸，無聲。〔武扶切〕

【注釋】

　　本義是草木茂盛，今有「蕃蕪」。引申出草義，《小爾雅》：「蕪，草也。」「青蕪」即青草也。田長滿草則荒廢，引申出田地荒廢，「蕪城」謂長滿亂草的城。又引申出繁雜義，今有「蕪雜」。

　　薉 ㊉ huì（穢）　　蕪也。从艸，歲聲。〔于廢切〕

【注釋】

　　今作穢。本義是長滿草，荒蕪。引申出邪惡義，今有「邪穢」。引申出醜陋義，今有「自慚形穢」。

　　荒 ㊉ huāng　　蕪也。从艸，巟聲。一曰：艸淹地也。〔呼光切〕

【注釋】

　　段注：「荒之言尨也，故為蕪薉。《周南》《魯頌》毛、鄭皆曰：荒，奄也。此艸掩地引申之義也。」

本義是田地荒蕪。引申出荒年義，如「饑荒」。「一曰：艸淹地」，引申出遠方義，如「六合八荒」。古代距離京城外有五服，依次相差五百里，有甸服、侯服、綏服、要服、荒服。又引申出大義，放縱義，如「荒湛於酒」。

薴 𧀽 níng　　艸亂也。从艸，寗聲。杜林說：艸薴薴貌。〔女庚切〕

莑 𧃠 zhēng　　莑薴貌。从艸，爭聲。〔側莖切〕

【注釋】

莑薴謂草亂，猙獰謂人面醜，人面五官不齊整則使人畏懼，山勢不齊謂之崢嶸，皆同源詞。

落 𦶟 luò　　凡艸曰零，木曰落。从艸，洛聲。〔盧各切〕

【注釋】

段注：「落亦為籬落、纏絡字。《木部》：杝，落也。《糸部》：繇，落也。是也。」居住的地方也叫落，如「村落」，王維《渭川田家》：「霞光照墟落。」宮室剛建成時舉行的祭祀慶典也叫落，今有「新屋落成」。寫下也叫落，今有「落款」「落賬」。

「落」有開始義，《爾雅》：「落，始也。」《詩經》：「訪予落止。」謂周成王即位之始商量國事也。「始」「終」為一個動作的兩個方面，此反訓之一種。孔廣森《經學巵言》：「考落之為始，大抵施於始終相嬗之際，如宮室考成謂之落成，言營治之終而屬處之始也。成王踐阼，其《詩》曰：訪予落止。此先君之終而今君之始也。」可謂知言之選。

宋人孫奕《履齋示兒編》有「菊英始生亦曰落英」之說，據此，《離騷》：「朝飲木蘭之墜露兮，夕餐秋菊之落英。」陶淵明《桃花源記》：「落英繽紛。」「落英」似可釋為始開之花，實則此說違背了訓詁學的普遍性原則。宋人好疑古立異，於此可見一斑。郭在貽先生駁之甚詳，詳郭在貽《訓詁叢稿》。

蔽 𦸈 bì　　蔽蔽，小艸也。从艸，敝聲。〔必袂切〕

【注釋】

蔽蔽，小貌。引申之，蔽有概括義，《小爾雅》：「蔽，斷也。」《論語》：「《詩》三百，一言以蔽之，思無邪。」

蘀 𧅐 tuò　　艸木凡皮葉落墮地為蘀。从艸，擇聲。《詩》曰：十月隕蘀。
〔它各切〕

【注釋】

蘀指草木脫落的皮或葉，籜謂竹筍上一片一片的皮，同源詞也。

蕰 𧆈 yǔn（蘊）　　積也。从艸，溫聲。《春秋傳》曰：蕰利生孽。〔于粉切〕

【注釋】

俗作蘊。本義是集聚。《廣雅》：「蘊，積也。」引申出深奧之處義，今有「底蘊」。
段注：「《小雅·都人士》《禮記·禮運》借菀、苑字為之。」

蔫 𧁈 yān　　菸也。从艸，焉聲。〔於乾切〕

菸 𦸖 yū（煙）　　鬱也。从艸，於聲。一曰：殘也。〔央居切〕

【注釋】

本義是枯萎。菸又音 yān，煙草本字。《說文》訓煙為火氣也，無烟字。

蘂 𧄑 yīng　　艸旋貌也。从艸，榮聲。《詩》曰：葛累蘂之。〔于營切〕

【注釋】

段注：「蘂與縈音義同。」從榮之字多有旋轉義，榮無旋轉義，當是縈之假借。
此造字時声旁有假借也。

蔡 𧃾 cài　　艸也。从艸，祭聲。〔蒼大切〕

【注釋】

本義是野草。左思《魏都賦》：「蔡莽螫刺，昆蟲毒噬。」蔡莽猶草莽也。

張舜徽《說文解字約注》：「蔡之本義為苃艸，原文當為丯艸也，丯即割之初文。
丯，蔡艸也，義可互證。後人既誤倒蔡下說解為『艸丯也』，又以丯字久廢不用，以
芥易之。」可備一說。蔡有殺、減義，《尚書》：「三百里夷，二百里蔡。」蓋從苃草
引申。蔡有占卜用的大龜義，如「蓍蔡」，因龜要殺掉取其龜板。古代有專門負責殺

龜、製作龜板之人，謂之「龜人」。

段注作「艸丰也」，云：「丰讀若介，丰字本無，今補。四篇曰：丰，艸蔡也。此曰：蔡，艸丰也。是為轉注，艸生之散亂也，丰蔡疊韻，猶莘薑。此無丰字，則蔡當為艸名，不廁此處矣。」段注亦可備一解矣。

茷 𦬞 fá 艸葉多。从艸，伐聲。《春秋傳》曰：晉欒茷。〔符發切〕

【注釋】

本義是草葉茂盛。常通「旆」，大旗也。「茷茷」通「旆旆」，旗幟飄揚貌。

菜 𦮼 cài 艸之可食者。从艸，采聲。〔蒼代切〕

【注釋】

段注：「此舉形聲包會意，古多以采為菜。」

茸 𦱤 ér 艸多葉貌。从艸，而聲。沛城父有楊茸亭。〔如之切〕

【注釋】

段注：「茸之言而也，如鱗屬之而。」

芝 𦯉 fān 艸浮水中貌。从艸，乏聲。〔匹凡切〕

【注釋】

芝、泛同源詞也。

薄 𦸂 bó 林薄也。一曰：蠶薄。从艸，溥聲。〔旁各切〕

【注釋】

薄之本義是草木密集叢生，屈原《涉江》：「死林薄兮。」

段注：「林木相迫不可入曰薄，引申凡相迫皆曰薄，如外薄四海、日月薄蝕皆是。相迫則無間可入，凡物之單薄不厚者亦無間可入，故引申為厚薄之薄。」

薄之常用義，接近也，如「日薄西山」「義薄雲天」「薄暮」。有大席子義，即「一曰：蠶薄」，今河南方言仍有此語。又指簾子，如「懸薄」。又作動詞詞頭，《詩經》：「薄汙我私，薄澣我衣。」

苑 yuàn　　所以養禽獸也。从艸，夗聲。〔於阮切〕

【注釋】

　　本義是養禽獸的地方，後作為皇帝的花園。引申為薈萃之處，今有「文苑」。段注：「《周禮》注：囿，今之苑。是古謂之囿，漢謂之苑也。」

藪 sǒu　　大澤也。从艸，數聲。九州之藪：揚州具區，荊州雲夢，豫州甫田，青州孟諸，沇州大野，雍州弦圃，幽州奚養，冀州楊紆，并州昭余祁，是也。〔蘇后切〕

【注釋】

　　本義是水少而草木茂盛的大沼澤，引申出人或事物聚集的地方，今有「淵藪」。

　　段注：「水希曰藪，地多水少，艸木所聚。《爾雅》十藪係《釋地》，不係《釋水》，正謂地多水少，艸木所聚。」

菑 zī　　不耕田也。从艸、甾。《易》曰：不菑畬。〔徐鍇曰：當言从艸，从巛，从田，田不耕則艸塞之，故从巛，巛音災。若从甾，則下有甾缶字相亂。〕〔側詞切〕 菑，或省艸。

【注釋】

　　本義是初耕種一年的土地。假借為災字。見後「畬」字注。引申為開荒除草，《尚書》：「厥父菑。」見「甾」字注。

蘨 yáo　　艸盛貌。从艸，繇聲。《夏書》曰：厥艸惟蘨。〔余招切〕

【注釋】

　　此《詩經》「桃之夭夭」本字。《說文》：「夭，屈也。」非本字明矣。

薙 tì　　除艸也。《明堂月令》曰：季夏燒薙。从艸，雉聲。〔他計切〕

【注釋】

　　本義是除草，「薙氏」謂古代負責除草的官。

耒 lèi　　耕多艸。从艸、耒，耒亦聲。〔盧對切〕

菿 𦾶 zhì　　艸大也。从艸，致聲。〔陟利切〕

【注釋】

「致」乃「到」之訛，《說文·艸部》末附𦾶字。見「𦾶」字注。

蕲 𦬊 jiàn　　艸相蕲苞也。从艸，斬聲。《書》曰：艸木蕲苞。〔慈冉切〕
𦬊 蕲，或从槧。

【注釋】

蕲苞即今《禹貢》之漸包。苞，茂盛也。「蕲蕲」謂（禾苗）漸漸長長貌，如「麥
秀蕲蕲兮」。

茀 𦳊 fú　　道多艸，不可行。从艸，弗聲。〔分勿切〕

【注釋】

本義是道路上草太多，不便通行。引申為除草，《詩經》：「茀厥豐草，種之黃
茂。」古代車上的遮蔽物也叫茀，設於車之前後。《詩經》：「翟茀以朝。」

苾 𦳋 bì　　馨香也。从艸，必聲。〔毗必切〕

【注釋】

本義是芳香。

蔎 𦱥 shè　　香艸也。从艸，設聲。〔識列切〕

【注釋】

本義是芳香。段注：「香艸當作艸香。劉向《九歎》：懷椒聊之蔎蔎。王注：椒聊，
香草也。蔎蔎，香貌。」

芳 𦮔 fāng　　香艸也。从艸，方聲。〔敷方切〕

【注釋】

段注作「艸香」。

蕡 𦸣 fén　　雜香艸。从艸，賁聲。〔浮分切〕

【注釋】

今「香噴噴」本字也。段注：「當作雜草香，蓋此字之本義，若『有蕡其實』，特假借為墳大字耳。」

藥 ^藥 yào（药）　　治病艸。从艸，樂聲。〔以勺切〕

【注釋】

药乃另造之俗字。用藥物醫治亦謂之藥，今有「不可救藥」。或謂「藥」通「療（或作瘵）」，則「不可救藥」謂不可救療也。本陸宗達先生說。

藶 ^藶 lí　　艸木相附藶土而生。从艸，麗聲。《易》曰：百穀艸木藶於地。〔呂支切〕

【注釋】

此附麗之後起本字，字又作離，《離騷》者，遭受憂難也。

蓆 ^蓆 xí　　廣多也。从艸，席聲。〔祥易切〕

【注釋】

常用義是大。《爾雅》：「蓆，大也。」蓆，又作席的加旁俗字，與廣多義之蓆為同形字。

芟 ^芟 shān　　刈艸也。从艸，从殳。〔所銜切〕

【注釋】

本義是割草。

荐 ^荐 jiàn　　薦席也。从艸，存聲。〔在甸切〕

【注釋】

荐、薦二字各有本義。薦者，草也。荐者，草席也。後歸併為一字。見後「薦」字注。

藉 ^藉 jiè / jí　　祭藉也。一曰：艸不編，狼藉。从艸，耤聲。〔慈夜切〕，

又〔秦昔切〕

【注釋】

藉之本義為草墊子，引申出動詞墊襯，今有「枕藉」。《捕蛇者說》：「往往而死者相藉。」引申出踐踏、欺凌義，《漢書》：「使我百歲後，人皆藉吾弟。」引申出憑靠義，段注：「引申為凡承藉、蘊藉之義，又為假藉之義。」

虛化為假使義，《史記‧陳涉世家》：「藉弟令毋斬，而戍死者固十六七。」藉、弟、令，三字同義連文，皆假使義。借亦有假使義，也有憑靠義，同步引申也。

菹 𦮃 zū　　茅藉也。从艸，租聲。《禮》曰：封諸侯以土，菹以白茅。〔子余切〕

【注釋】

此「補苴」之本字也。苴的本義是雌麻，非本字明矣。段注：「作苴，假借字。許作菹，正字也。」

蕝 𦷾 jué　　朝會束茅表位曰蕝。从艸，絕聲。《春秋國語》曰：致茅蕝表坐。〔子說切〕

【注釋】

此「編纂」之本字也。《說文》：「纂，似組而赤。」本義是紅色的絲帶，非本字明矣。

茨 𦴍 cí　　以茅葦蓋屋。从艸，次聲。〔疾茲切〕

【注釋】

本義是用茅草蓋屋頂。《釋名》：「屋以草蓋曰茨。茨，次也，次草為之也。」引申出堆積義，《廣雅》：「茨，積也。」又假借為蒺藜字，《詩經》有《牆有茨》篇。

葺 𦯉 qì　　茨也。从艸，咠聲。〔七入切〕

【注釋】

本義是用茅草蓋房子，引申為修理義，今有「修葺」。引申出重疊、累積義，同「茨」之二義，同步引申也。

蓋 䕺 gài（盖）　　苫也。从艸，盍聲。〔古太切〕

【注釋】

今簡化作盖，實蓋之草書楷化字形。《說文》：「盍，覆也。」乃覆蓋之本字。草苫義乃覆蓋之引申，盍、蓋古今分化字也。段注：「引申之為發端語詞。」

「華蓋」，古星名，迷信的人認為運氣不好是有華蓋星犯命，叫交華蓋運。但和尚華蓋罩頂是走好運。魯迅詩：「運交華蓋欲何求，未敢翻身已碰頭。」

苫 䒟 shān　　蓋也。从艸，占聲。〔失廉切〕

【注釋】

今有草苫子。

藹 藹 ài　　蓋也。从艸，渴聲。〔於蓋切〕

【注釋】

段注：「今人藹字當用此，許書無藹字。」

蕏 蕏 qū　　刷也。从艸，屈聲。〔區勿切〕

【注釋】

段注：「蕏之言掘也，與捊杷義近，今人謂以鈍帚去薉物曰蕏，正是此字。《廣雅·釋器》：蕏謂之刷。」

藩 藩 fān　　屏也。从艸，潘聲。〔甫煩切〕

【注釋】

本義是籬笆，今有「藩籬」。引申為屏障義，今有「藩屏」「藩鎮」。「藩車」謂四面有圍帳的車。引申為掩飾、遮蓋義，如「藩飾」。

《詩經·大雅·板》：「价人維藩，大師維垣；大邦維屏，大宗維翰；懷德維寧，宗子維城。」杜維藩、杜維垣、杜維屏、杜維翰、杜維寧乃杜月笙的五個兒子，電視劇《天衣無縫》有杜維城。古人取名本《詩經》者多矣。

葅 葅 zū　　酢菜也。从艸，沮聲。〔側魚切〕䕬 或从皿。䕬 或从缶。

【注釋】

酢菜者，酸菜也。本義是酸菜，也指肉醬。多水草的沼澤地謂之葅，如「葅草」謂水草也。枯草亦謂之葅，如「葅薪」謂柴草也。

荃 𦭠 quán　　芥脆也。从艸，全聲。〔此緣切〕

【注釋】

本義是細切的醃芥菜。

常用義是一種香草名，即菖蒲，又名「蓀」。古用以比喻君主，《離騷》：「荃不揆余之中情兮。」「荃宰」謂君臣也。又通「筌」，捕魚具也。《莊子·外物》：「荃者所以在魚，得魚而忘荃。」「荃蹏」謂魚網和兔網。李鴻章號少荃，近人有繆荃孫、曾國荃。

酷 𦽌 kù　　韭鬱也。从艸，酷聲。〔苦步切〕

薤 𦼉 lán　　瓜葅也。从艸，濫聲。〔魯甘切〕

菭 𦻿 chí　　葅也。从艸，沝聲。〔直宜切〕𥂥 菭，或从皿。皿，器也。

薐 𦽊 lǎo　　乾梅之屬。从艸，檹聲。《周禮》曰：饋食之籩，其實乾薐。後漢長沙王始煮艸為薐。〔盧皓切〕𦽖 薐，或从潦。

藙 𧅁 yì　　煎茱萸。从艸，顡聲。《漢律》：會稽獻藙一斗。〔魚既切〕

【注釋】

又作薮字。即食茱萸，果實味辛，可作調料。段注：「《本艸圖經》曰：食茱萸，蜀人呼其子為艾子，按艾即薮字。」

葇 𦾗 zǐ　　羹菜也。从艸，宰聲。〔阻史切〕

若 𦮴 ruò　　擇菜也。从艸、右。右，手也。一曰：杜若，香艸。〔而灼切〕

【注釋】

本義即杜若，香草之名。古女子名多用若字，周芷若、苗若蘭者，芷、若、蘭皆香草也。

甲骨文作，商承祚《殷墟文字類編》：「象人舉手而跪足，乃諾時巽順之狀，古諾、若一字，故若字訓順。」常用義順也，《爾雅》：「若、惠，順也。」宋人有王欽若，主編《冊府元龜》。《尚書》：「欽若昊天，曆象日月星辰。」欽若，敬順也。作虛詞，或也，如「以手若足取物」。此也，《孟子》：「以若所為，求若所欲。」

蓴 chún（蒓）　　蒲叢也。从艸，專聲。〔常倫切〕

【注釋】

今作蒓字，蒓菜，亦名水葵，可以烹魚。

茵 zhì　　以艸補缺。从艸，西聲。讀若陸。或以為綴。一曰：約空也。〔直例切〕

【注釋】

今「補貼」之「貼」之本字。《廣雅・釋詁四》：「茵，補也。」

蕈 zǔn　　叢艸也。从艸，尊聲。〔慈損切〕

【注釋】

蕈蕈，樹木茂盛皃。

莜 diào（篠）　　艸田器。从艸，條省聲。《論語》曰：以杖荷莜。今作篠。〔徒弔切〕

萆 pì　　雨衣。一曰：衰衣。从艸，卑聲。一曰：萆薢，似烏韭。〔扶歷切〕

【注釋】

《廣雅・釋器》：「萆謂之衰。」段注：「一曰：衰衣，謂萆一名衰也。」

葟 chí　　艸也。从艸，是聲。〔是支切〕

苴 𦫳 jū　　履中艸。从艸，且聲。〔子余切〕

【注釋】

　　本義是鞋中塞的枯草。故有枯草義，《九章》：「草苴比而不芳。」王逸注：「生曰草，枯曰苴。」蓋先民絮枯草於履中以防寒，猶今東北人之絮烏拉草也。引申為鞋中草墊亦謂之苴，賈誼《治安策》：「冠雖敝，不以苴履。」

　　引申有包裹義，如「苴以白茅」。有補充義，今有「補苴」。又母麻謂之苴，麻子亦謂之苴，《詩經》：「九月叔苴。」公麻謂之枲。段注：「《賈誼傳》：冠雖敝，不以苴履。引申為苞苴。且，薦也。此形聲包會意。」

麤 𡲰 cū　　艸履也。从艸，麤聲。〔倉胡切〕

蕢 𧁻 kuì　　艸器也。从艸，貴聲。〔求位切〕𠷶 古文蕢，象形。《論語》曰：有荷臾而過孔氏之門。

蔓 𧆐 qǐn　　覆也。从艸，侵省聲。〔七朕切〕

茵 𦷶 yīn　　車重席。从艸，因聲。〔於真切〕鞇 司馬相如說：茵从革。

【注釋】

　　車中加墊子的席，即車墊子。泛指席子，今有「綠草如茵」。段注：「《秦風》：文茵。文，虎皮也。以虎皮為茵也。」

芻 𦷒 chú（ㄔㄨ）　　刈艸也。象包束艸之形。〔叉愚切〕

【注釋】

　　甲骨文作𠬞，從手斷草。引申出割草義，《漢書》：「芻牧田中。」引申草也，「芻議」，草議也，胡適有《文學改良芻議》。「反芻」謂牛把胃裏的草再反回口中。引申為以草喂動物義，今有「芻豢」，謂家畜也。

茭 𦰶 jiāo　　乾芻。从艸，交聲。一曰：牛蘄艸。〔古肴切〕

【注釋】

　　本義是乾草飼料。「茭白」，蔬菜也，菰之別稱。

莎 ㄓ bù　　亂艸。从艸，步聲。〔薄故切〕

茹 ㄖ rú　　飼馬也。从艸，如聲。〔人庶切〕

【注釋】

本義是喂馬，泛指吃，今有「含辛茹苦」「茹毛飲血」。常用義柔軟也，《廣雅》：「茹，柔也。」如「柔茹寡斷」。又有估量、猜測義，《詩經》：「我心匪鑒，不可茹也。」又作為蔬菜之總稱，如「白露之茹」。

莝 ㄓ cuò　　斬芻。从艸，坐聲。〔粗臥切〕

【注釋】

段注：「謂以鈇斬斷之芻。《小雅》：秣之摧之。以摧為莝，莝之者，以莝飼馬也。」

萎 ㄓ wèi（餧、喂）　　食牛也。从艸，委聲。〔於偽切〕

【注釋】

《說文》無喂字，萎乃喂之古字也。段注：「今字作餧。」喂牛馬以乾芻，故以為枯萎字。

蔟 ㄓ cè　　以穀萎馬，置莝中。从艸，敕聲。〔楚革切〕

苗 ㄓ qū　　蠶薄也。从艸，曲聲。〔丘玉切〕

【注釋】

此蠶曲薄之本字。養蠶的大席子。

蔟 ㄓ cù　　行蠶蓐。从艸，族聲。〔千木切〕

【注釋】

本義是大席子。段注：「引申為六律太蔟字。」

苣 ㄓ jù（炬）　　束葦燒。从艸，巨聲。〔臣鉉等曰：今俗別作炬，非是。〕〔其呂切〕

【注釋】

俗作炬。段注：「俗作炬，以此為苣蕂、萬苣字。」

蕘 蕘 ráo　　薪也。从艸，堯聲。〔如昭切〕

【注釋】

本義是柴。段注：「《大雅》：詢於芻蕘。毛曰：芻蕘，薪采者。按《說文》謂物，《詩》義謂人。」

薪 薪 xīn　　蕘也。从艸，新聲。〔息鄰切〕

【注釋】

「薪水」者，打柴汲水也，指日常生活費用。

蒸 蒸 zhēng　　析麻中榦也。从艸，烝聲。〔煮仍切〕　蒸 蒸，或省火。

【注釋】

本義為去皮的麻桿。常用義是細小的木柴，粗曰薪，細曰蒸。氣體上升謂之蒸，今有「蒸蒸日上」。又有眾多義，《爾雅》：「蒸，眾也。」「蒸民」「蒸黎」「蒸庶」皆謂百姓也。

段注：「粗曰薪，細曰蒸。《周禮・甸師》注云：大曰薪，小曰蒸。」古代的大燭，猶今之火把，用麻桿捆綁，上澆油。

蕉 蕉 jiāo　　生枲也。从艸，焦聲。〔即消切〕

【注釋】

本義為未經漚治的生麻。段注：「枲麻也，生枲謂未漚治者，今俗以此為芭蕉字。」

菌 菌 shǐ（屎）　　糞也。从艸，胃省。〔式視切〕

【注釋】

《說文》無屎字，此屎尿之初文也。古書多假借矢字為之。甲骨文作 、 ，胡厚宣曰：「直接施糞於田地。」李孝定《甲骨文字集釋》：「屎字正像人遺屎形，下小點乃象所遺屎形，非少或小字也，胡說甚善。」

段注：「《左氏傳》《史記》假借矢字為之。官溥說，糞字之上似米而非米者，矢

字。是漢人多用矢也。」

薶 薶 mái（埋）　　瘞也。从艸，貍聲。〔莫皆切〕

【注釋】

《說文》無埋字，此實埋之初文也。段注：「《周禮》假借貍字為之，今俗作埋。」

葠 葠 shān（參）　　喪藉也。从艸，侵聲。〔失廉切〕

【注釋】

又作為人參字。

斯 斯 shé（折）　　斷也。从斤斷艸，譚長說。〔食列切〕斯 籀文折，从艸在仌中，仌寒故折。斯 篆文折，从手。

【注釋】

今通行篆文折。段注：「折字，唐後人所妄增。斤斷艸，小篆文也。艸在仌中，籀文也。从手从斤，隸字也。」

折有損失義，今有「損兵折將」，「折閱」謂虧損也。《荀子》：「良賈不為折閱不市。」有死亡義，今有「夭折」。又有駁斥、指責義，如「面折其短」。引申出心服義，今有「折服」「心折」。

卉 卉 huì　　艸之總名也。从艸、屮。〔許偉切〕

【注釋】

本義是草的總稱。「花卉」者，花草也。屮，草芽也。二屮為艸（草），三屮為卉，四屮為茻（莽），皆草也。段注：「《方言》曰：卉，艸也。東越揚州之間曰卉。」

尣 尣 qiú　　遠荒也。从艸，九聲。《詩》曰：至于尣野。〔巨鳩切〕

【注釋】

本義是遠荒之地。段注：「尣之言究也，窮也。」九者，數之極也，從九之字、之聲多有極、久、遠義，如究、久、疚（本義是久病）、舅（《釋名》：舅，久也。久老稱也）。

蒜 蒜 suàn　　葷菜。从艸，祘聲。〔蘇貫切〕

【注釋】

蒜者，祘也。蒜有數瓣，可算，故名。

段注：「陶貞白云：小蒜名蒜子。蒜音亂，即《小正》卵字。其大蒜乃張騫始得自西域者。《本草》：大蒜名葫，小蒜名蒜。蓋始以大蒜別於蒜，後復以小蒜別於大蒜，古只有蒜而已。」

左文五十三　重二，大篆从艸。

芥 𦮃 jiè　　菜也。从艸，介聲。〔古拜切〕

【注釋】

段注：「借為艸芥，纖芥字。」本義是芥菜，常用義是小草，今有「草芥」「芥蒂」「蒂芥」。又細小義，如「纖芥之禍」。

蔥 𦳋 cōng（葱）　　菜也。从艸，悤聲。〔倉紅切〕

【注釋】

簡化字作「葱」，「蔥」乃「蔥」之俗字。從悤之字多有中空義，如窗（本義是天窗）、聰（本義是聽力好，耳朵通暢）、囱（本義是煙囪）等。

𦸞 𦸞 yù　　艸也。从艸，奞聲。《詩》曰：食鬱及𦸞。〔余六切〕

【注釋】

即山韭菜。

蕇 𦶎 diǎn　　亭歷也。从艸，單聲。〔多殄切〕

苟 𦰙 gǒu　　艸也。从艸，句聲。〔古厚切〕

【注釋】

本義是蕨的別名。苟之常用義是不認真、隨便，今有「一絲不苟」，與「敬」乃反義詞，「敬」為辦事認真。今有「苟且」。「苟且偷生」者，即隨便賴活著而已。「苟且之事」，「你倆沒有苟且過嗎」，字面義是太隨便了，引申為男女關係。

蕨 蕨 jué　　鱉也。从艸，厥聲。〔居月切〕

【注釋】

鱉，蕨的別名。周秦曰蕨，齊魯曰鱉。《爾雅》釋文：「其初生似鱉腳，故名也。」

莎 莎 suō　　鎬侯也。从艸，沙聲。〔蘇禾切〕

【注釋】

鎬侯草，又名香附子，即莎草，可入藥。今河南方言叫「地聊草」者是也。段注：「鎬、侯雙聲，莎、隨疊韻，皆累呼也，單呼則曰鎬、曰莎。其根即今香附子。」

萍 萍 píng　　苹也。从艸，洴聲。〔薄經切〕

【注釋】

見前「苹」字注。

堇 堇 jǐn　　艸也。根如薺，葉如細柳，蒸食之，甘。从艸，堇聲。〔居隱切〕

【注釋】

古同「蓳」，一種野菜，亦稱旱芹。

菲 菲 fěi　　芴也。从艸，非聲。〔芳尾切〕

【注釋】

即野蘿蔔，見前「葑」字注。

常用有微薄義，如「菲禮」「菲材」。《小爾雅》：「菲，薄也。」今有「妄自菲薄」。又指花草芳香茂盛，如「芳菲」。常「菲菲」連用，花草芳香貌、茂盛貌；又錯亂貌，如「白黑菲菲」；又上下不定貌，《後漢書》：「志菲菲兮升降。」

芴 芴 wù　　菲也。从艸，勿聲。〔文弗切〕

【注釋】

即野蘿蔔，見前「葑」字注。

鶾 鸏 hán　　艸也。从艸，鶾聲。〔呼旰切〕

【注釋】

段注：「按《鳥部》鶾、難一字也，而《艸部》難、鶾各字，恐有誤。」

萑 雈 huán　　薍也。从艸，萑聲。〔胡官切〕

【注釋】

即荻也。段注：「今人多作萑者。蓋其始假萑屬之萑為之，後又誤為艸多貌之萑。」

葦 葦 wěi　　大葭也。从艸，韋聲。〔于鬼切〕

【注釋】

長大的蘆葦叫葦。葦，偉也。初生的蘆葦叫葭，初生的荻叫蒹，《詩經》有《蒹葭》篇。荻杆實，蘆葦杆中空。葦有小船義，《前赤壁賦》：「縱一葦之所如，凌萬頃之茫然。」

葭 葭 jiā　　葦之未秀者。从艸，段聲。〔古牙切〕

【注釋】

沒有抽穗開花的初生的蘆葦。

萊 萊 lái　　蔓華也。从艸，來聲。〔洛哀切〕

【注釋】

草名，又叫蔓華，即藜也，俗稱胭脂菜。《詩經》：「南山有臺，北山有萊。」段注：「經典多用為艸萊字。」

萊之常用義，草也，如「蒿萊」。引申之，長滿雜草、田地荒蕪都謂之萊，《詩經》：「田卒汙萊。」引申之，除草亦謂之萊，《周禮》：「若大田獵，則萊山野之草。」

荔 荔 lì　　艸也。似蒲而小，根可作刷。从艸，劦聲。〔郎計切〕

【注釋】

草名，即馬藺，又名馬荔，俗名鐵掃帚。一種多年生草本植物，鬚根長而堅硬，葉片狹線形，花藍色。花及種子可入藥，葉可造紙，根可製刷子，今北方束其根以刮鍋。

蒙 𫄧 méng　　王女也。从艸，冡聲。〔莫紅切〕

【注釋】

本義是女蘿，菟絲子也。王者，大也。王父，祖父也。王蛇，大蛇也。王女者，大的女蘿草。段注：「今人冡冒皆用蒙字為之。」

蒙有相反二義，覆蓋也，今有「蒙蔽」；又承受也，今有「蒙冤」。引申為敬辭，如「承蒙款待」。「冒」亦有此三義，同步引申也。蒙有蒙昧義，今有「啟蒙」。

藻 𦿚 zǎo（藻）　　水艸也。从艸，从水，巢聲。《詩》曰：于以采藻？〔子皓切〕𦿚 藻，或从澡。

【注釋】

今通行重文藻。

段注：「《禮經》華采之字，古文用繅，今文用藻、璪。」引申之，文采謂之藻，今有「辭藻」「翰藻」。冰心丈夫吳文藻，文即藻也。引申出修飾義，如「藻飾」。「文」有文采義，也有修飾義，如「文過飾非」。同步引申也。

菉 𦽍 lù　　王芻也。从艸，彔聲。《詩》曰：菉竹猗猗。〔力玉切〕

【注釋】

也叫藎草。段注：「今毛詩作綠，《大學》引作簶，《小雅》：終朝采綠。王逸引作菉。」

蓸 𧇎 cáo　　艸也。从艸，曹聲。〔昨牢切〕

蕕 𧄦 yóu　　艸也。从艸，鹵聲。〔以周切〕

蓨 𧆒 qiáo　　艸也。从艸，沼聲。〔昨焦切〕

菩 𦮼 wú　　艸也。从艸，吾聲。《楚辭》有菩蕭艸。〔吾乎切〕

范 𦱤 fàn　　艸也。从艸，氾聲。〔房㸚切〕

【注釋】

　　草名，范草也。後作姓氏字。古者范、範、笵三字各有本義。笵的本義是模子、法則。範者，範軷也，乃出行時的祭祀儀式。但文獻多以範表示模子、法則義，其本義罕用。范的本義是一種草，古籍中亦常用表模子、法則。

　　在「模範」「範圍」意義上三字可通用。笵一般不用作姓氏，范常用於姓氏，如范仲淹、范雎。範也用於姓氏，二者不同，不能混用。

芿 𦳀 réng　　艸也。从艸，乃聲。〔如乘切〕

莔 𦳀 xuè　　艸也。从艸，血聲。〔呼決切〕

萄 𦳕 táo　　艸也。从艸，匋聲。〔徒刀切〕

【注釋】

　　即葡萄草也，草名。今為葡萄字。

芑 𦳀 qǐ　　白苗嘉穀。从艸，己聲。〔驅里切〕

【注釋】

　　苗，禾也。見「苗」字注。一種良種穀子，即白芑，也叫白粱粟。《詩經》：「維穈維芑。」陳奐疏：「赤苗白苗，謂禾莖有赤白兩種，本為苗之名，因為禾之名。」穈是赤粱粟。又指類似苦菜的一種草本植物，《詩經》：「薄言采芑。」

藚 𦾶 xù　　水舄也。从艸，賣聲。《詩》曰：言采其藚。〔似足切〕

茖 𦳅 dōng　　艸也。从艸，冬聲。〔都宗切〕

薔 𦿊 sè　　薔虞，蓼。从艸，嗇聲。〔所力切〕

【注釋】

蓼，辛菜也。後世用為薔薇字。

苕 𦯜 tiáo   艸也。从艸，召聲。〔徒聊切〕

【注釋】

即凌霄花，一名紫葳、紫薇。常用義是蘆葦的花，《荀子》：「編之以髮，繫之葦苕。」見「芀」字注。

蔴 𦿚 mào   艸也。从艸，楙聲。〔莫厚切〕

蕄 𦻏 mào   艸也。从艸，冒聲。〔莫報切〕

芛 𦮐 liǔ   鳧葵也。从艸，丣聲。《詩》曰：言采其芛。〔力久切〕

荼 𦱢 tú   苦荼也。从艸，余聲。〔同都切〕〔臣鉉等曰：此即今之茶字。〕

【注釋】

苦荼即茶，《說文》之荼字本義即苦荼之荼，就是茶，非苦菜。

據傳唐陸羽《茶經》始減一筆作茶，實則茶字在三國已經產生。荼、茶古音同，後舌頭音分出舌上音，魚部分出麻韻，故產生 chá 音。今廈門話喝茶叫「lim dea」（飲茶），保留古音。

蘩 𦿉 fán   白蒿也。从艸，緐聲。〔附袁切〕

【注釋】

《儀禮》采蘩，假蘩字為之。

蒿 𦸒 hāo   菣也。从艸，高聲。〔呼毛切〕

【注釋】

本義是蒿草，有青蒿、白蒿等，特指青蒿。《詩經》：「呦呦鹿鳴，食野之蒿。」

生物學家屠呦呦，提煉出青蒿素。常用義有「蒿萊」，野草、雜草也。「蒿里」，墓地也，「蒿里行」為送葬曲之名。又假借為「耗」字，憂煩、不安也，如「蒿惱」「蒿憂」。

蓬 蕭 péng　　蒿也。从艸，逢聲。〔薄紅切〕 𦿉 籀文蓬，省。

【注釋】

本義是蒿草。即蓬草，也叫飛蓬，《詩經》：「首如飛蓬。」「蓬戶」，用蓬草編的門，代貧寒之家。

藜 藜 lí　　艸也。从艸，黎聲。〔郎奚切〕

【注釋】

萊也。藜葉初生可食，今河南叫作灰灰菜者是也。莖長老了可以作杖，叫藜杖。

蘬 蘬 kuī　　薺實也。从艸，歸聲。〔驅歸切〕

葆 葆 bǎo　　艸盛貌。从艸，保聲。〔博抱切〕

【注釋】

本義是草木茂盛，《廣雅》：「葆，茂也。」古代的一種旗幟也叫葆，如「幢葆」。假借為「保」字，最為常用，今有「永葆青春」。

段注：「《漢書·武五子傳》曰：當此之時，頭如蓬葆。師古曰：草叢生曰葆。引申為羽葆幢之葆，《史記》以為寶字。」

蕃 蕃 fán　　艸茂也。从艸，番聲。〔甫煩切〕

【注釋】

本義是草茂盛，泛指繁盛、繁殖。

茸 茸 róng　　艸茸茸貌。从艸，聰省聲。〔而容切〕

【注釋】

本義是草初生纖細柔嫩貌，如「綠茸茸的草地」。又指草初生的細芽，如「新蒲含紫茸」。「茸茸」，細密貌。「茸闒」「闒茸」，卑賤也。

薦 〔茻〕 jiān　　艸貌。从艸，津聲。〔子仙切〕

【注釋】

今《詩經》「菁菁者莪」之本字也。《說文》：「菁，韭華也。」本義是韭菜之花，非本字明矣。

叢 〔叢〕 cóng　　艸叢生貌。从艸，叢聲。〔徂紅切〕

【注釋】

段注：「叢，聚也。概言之。叢則專謂草，今人但知用叢字而已。」

草 〔艸〕 zào（皂）　　草斗，櫟實也。一曰：象斗子。从艸，早聲。〔自保切〕〔臣鉉等曰：今俗以此為艸木之艸，別作皂字為黑色之皂。案：櫟實可以染帛為黑色，故曰草。通用為草棧字。今俗書皂或从白从十，或从白从七，皆無意義，無以下筆。〕

【注釋】

此「青紅皂白」之本字也，俗假為艸字，又造皂字。今草行而艸廢。引申出粗糙義，《戰國策》：「食以草具。」引申出草率義，如「草草從事」。雌性謂之草，如「草馬」「草驢」，雌、草一聲之轉也。

段注：「櫟者，即杼也。陸璣云：杼今柞櫟也。徐州人謂櫟為杼，或謂之栩。其子為皂，或言皂斗。其殼為汁，可以染皂。今京洛及河內多言杼汁，或云橡斗。按草斗之字俗作皂、作皂，於六書不可通。象斗字當从《木部》作樣，俗作橡。」

菆 〔菆〕 zōu　　麻蒸也。从艸，取聲。一曰：蓐也。〔側鳩切〕

【注釋】

麻蒸，即麻杆。

蓄 〔蓄〕 xù　　積也。从艸，畜聲。〔丑六切〕

【注釋】

本義是積累，引申出等待義，如「誰謂時之可蓄」。

萅 㫩 chūn（春）　　推也。从艸，从日，艸春時生也，屯聲。〔昌純切〕

【注釋】

此聲訓也。萅，隸定字形；春，隸變字形。春、屯同源詞也。段注：「此於雙聲求之，《鄉飲酒義》曰：東方者春，春之為言蠢也。」唐人稱酒為春，如「玉壺買春」。今酒有劍南春，源自唐代名酒「劍南燒春」，燒春猶燒酒也。

一年一個春季，故年謂之春，如「一臥東山三十春」。秋亦有此義，如「千秋萬代」。《詩經》：「一日不見，如三秋兮。」冬亦有此義，《漢書·東方朔傳》：「年十三學書，三冬文史足用。」三冬，三年也。此俞樾《古書疑義舉例》「以小名代大名例」也。

夏商和西周前期一年只有春秋二季，所以一年可稱之為一個春秋。早期的史書多為編年體，故多以《春秋》命名，現流傳下來的只有魯國的《春秋》。後來才出現冬夏二季，故早期一年四季的順序不是春夏秋冬，而是春秋冬夏。

菰 蓏 gū　　艸多貌。从艸，狐聲。江夏平春有菰亭。〔古狐切〕

萄 䈞 dào　　艸木倒。从艸，到聲。〔都盜切〕

文四百四十五　重三十一

芙 芺 fú　　芙蓉也。从艸，夫聲。〔方無切〕

蓉 蓉 róng　　芙蓉也。从艸，容聲。〔余封切〕

蔿 蔿 wěi　　艸也。《左氏傳》楚大夫蔿子馮。从艸，遠聲。〔韋委切〕

【注釋】

見前「蔿」字注。

荀 xún 艸也。从艸，旬聲。〔臣鉉等案：今人姓荀氏，本郇侯之後，宜用郇字。〕〔相倫切〕

【注釋】

荀本義為香草名，今荀子姓氏字，本字為郇。

莋 zuó 越嶲縣名，見《史記》。从艸，作聲。〔在各切〕

蓀 sūn 香艸也。从艸，孫聲。〔思渾切〕

【注釋】

本義是一種香草，又叫荃。《子夜》有吳蓀甫。

蔬 shū 菜也。从艸，疏聲。〔所菹切〕

芊 qiān 艸盛也。从艸，千聲。〔倉先切〕

【注釋】

「芊芊」，草木茂盛。「芊綿」，草木茂盛，亦作「芊眠」。

茗 míng 荼芽也。从艸，名聲。〔莫迥切〕

【注釋】

本義是茶樹的嫩芽，早採為茶，晚採為茗。泛指茶，如「品茗」「煮茗」。

薌 xiāng 穀氣也。从艸，鄉聲。〔許良切〕

【注釋】

本義是用來調味的一種香草。常通「香」。

藏 cáng 匿也。〔臣鉉等案：《漢書》通用臧字。从艸，後人所加。〕〔昨郎切〕

【注釋】

班固喜用古字，司馬遷多用今字。經學家多保守故也。

蔵 <ruby>蔵</ruby> chǎn　　《左氏傳》以蔵陳事。杜預注云：蔵，敕也。从艸未詳。〔丑善切〕

【注釋】

常用義為完成，如「蔵事」。《廣雅》：「蔵，解也。」

蘸 <ruby>蘸</ruby> zhàn　　以物沒水也。此蓋俗語，从艸未詳。〔斬陷切〕

文十三　新附

蓐部

蓐 <ruby>蓐</ruby> rù　　陳艸復生也。从艸，辱聲。一曰：蔟也。凡蓐之屬皆从蓐。〔而蜀切〕<ruby>蓐</ruby> 籀文蓐，从茻。

【注釋】

段注：「蔟，行蠶蓐也。蓐訓陳草復生，引申為薦席之蓐，故蠶蔟亦呼蓐。」婦女生產叫「臨蓐」「坐蓐」。

薅 <ruby>薅</ruby> hāo　　拔去田艸也。从蓐，好省聲。〔呼毛切〕<ruby>薅</ruby> 籀文薅。<ruby>茠</ruby> 薅，或从休。《詩》曰：既茠荼蓼。

文二　重三

茻部

茻 <ruby>茻</ruby> mǎng（莽）　　眾艸也。从四屮。凡茻之屬皆从茻。讀與冈同。〔模朗切〕

【注釋】

此草莽本字，見「卉」字注。段注：「按經傳草莽字當用此。」

莫 <ruby>莫</ruby> mù／mò　　日且冥也。从日在茻中。〔莫故切〕，又〔慕各切〕

【注釋】

本義是天黑，即暮之初文，後加日分化出暮。段注：「引申之義為有無之無。」「莫逆」謂朋友間感情非常好，如「莫逆之交」。小徐本作「从日在茻中，茻亦聲」。

莽 𦭜 mǎng　　南昌謂犬善逐兔艸中為莽。从犬，从茻，茻亦聲。〔謀朗切〕

【注釋】

常用義是草、草叢，今有「草莽」，《小爾雅》：「莽，草也。」「莽莽」謂草木茂盛，如「草木莽莽」。又無邊際貌，如「莽莽萬重山」。

葬 𦮙 zàng　　藏也。从死在茻中。一其中，所以薦之。《易》曰：古之葬者，厚衣之以薪。〔則浪切〕

【注釋】

段注：「薦，艸席也。有藉義，故凡藉於下者用此字。」

文四

卷二上

三十部 六百九十三文 重八十八凡八千四百九十八字 文三十四新附

小部

小 川 xiǎo　　物之微也。从八，丨見而分之。凡小之屬皆从小。〔私兆切〕

【注釋】

小字甲骨文作 ⎮⎮，三點示微小之意，像塵沙或米粒等小物狀，與「少」本一字，後分化。古人有了一定的抽象思維能力，但還不太強，所以古人的抽象名詞不多，給抽象性更強的形容詞造字難度更大，甲骨文用「關聯象形」造字法給「小」「高」等形容詞造字。

「太牢」者，大牢也。「少牢」者，小牢也。牛為大物，有牛則謂之太牢，只有豬羊，則為小矣。

少 ⺌ shǎo　　不多也。从小，丿聲。〔書沼切〕

【注釋】

段注：「不多則小，故古少小，互訓通用。」引申為輕視義，《論衡》：「世人共短儒生，儒生之徒亦自相少。」又時間短，《赤壁賦》：「少焉，月出於東山之上。」

尐 ⺌ jié　　少也。从小，乀聲。讀若輟。〔子結切〕

【注釋】

段注：「《方言》曰：尐、杪，小也。《孟子》：力不能勝一尐雛。趙注：尐為小。

與《方言》同，作匹者非。」

文三

八部

八 〕〔 bā　　別也。象分別相背之形。凡八之屬皆从八。〔博拔切〕

【注釋】

高鴻縉《中國字例》：「八之本義為分，取假象分背之形，後世（殷代已然）借用為數目八九之八，久而不返，乃加刀作分，以還其原，殷以來兩字分行，鮮知一字矣。」

段注：「今江浙俗語以物與人謂之八，與人則分別矣。」馬敍倫《六書疏證》：「今上海杭縣謂分開曰八開，音轉如拍耳。」

分 ㄌㄚ fēn　　別也。从八，从刀，刀以分別物也。〔甫文切〕

【注釋】

分有半義，「師喪分矣」謂軍隊喪失一半了。今「夜分」，又叫「夜半」。又料想義，「自分」猶自料也。又感情義，今有「情分」。又有名分、職分義，《荀子》：「犯分亂理。」今有「分內之事」。今東北有俗語「打八刀」，謂鬧離婚、分手也。拆字遊戲耳，如「丘八為兵」類。

尒 ㄇㄇ ěr（尔）　　詞之必然也。从入、丨、八。八象氣之分散。〔兒氏切〕

【注釋】

今俗作尔。此「爾汝」「乃爾」之本字也。《說文》：「爾，麗爾，猶靡麗也。」爾乃空明疏朗義，非本字明矣。後假借爾，爾行而尒（尔）廢矣。唯今簡化漢字又採用尔字。

曾 ㄍㄣ zēng　　詞之舒也。从八，从曰，囪聲。〔昨稜切〕

【注釋】

常用義乃也，如「曾是以為孝子」「爾何曾比予與管仲」。又用來加強語氣，與「不」連用，可以翻譯為「連……都不」，《愚公移山》：「汝心之固，固不可徹，曾

不若孺妻弱子。」于省吾謂曾是甑之初文，古文字象蒸鍋之形。

尚 尚 shàng　　曾也，庶幾也。从八，向聲。〔時亮切〕

【注釋】

段注：「曾，重也。尚，上也。皆積累加高之意，義亦相通也。」尚之常用義，上也，《尚書》者，上古之書也。引申為超出、高出，今有「高尚」，尚者，高也。引申為久遠，《小爾雅》：「尚，久也。」如「樂之所由來者尚矣」。又有主管義，如「尚書」。尚書最早是書記官，類今之秘書，後權力漸大。

作虛詞時，尚有還義，《報任安書》：「如僕尚何言哉？」今有「年紀尚小」。有尚且義，「猶」亦有此二義，同步引申也。尚有庶幾、差不多義，《左傳》：「靈王卜曰：余尚得天下。」又表希望命令義，如「嗚呼哀哉，伏維尚饗」。

㒸 㒸 suì　　从意也。从八，豕聲。〔徐醉切〕

【注釋】

此未遂之本字也。《說文》：「遂，亡也。」非本字明矣。

詹 詹 zhān　　多言也。从言，从八，从厃。〔臣鉉等曰：厃，高也；八，分也，多故可分也。〕〔職廉切〕

【注釋】

本義是多說話，《莊子》：「小言詹詹。」後作「譫」，特指病中說胡話，如「譫語」「譫妄」。或謂此「沾沾自喜」之本字也。沾，水名。非本字明矣。

介 介 jiè　　畫也。从八，从人。人各有介。〔古拜切〕

【注釋】

介乃界之初文。段注：「介與畫互訓，《田部》界字蓋後人增之耳。介、界古今字。分介則必有間，故介又訓間。一則云介特，兩則云間介。」

介有引進義，今有「介紹」「中介」。有孤獨、個別義，《廣雅》：「介，獨也。」「介然」，獨立孤獨貌。今有「一介書生」，介、個，一聲之轉也。

有耿直義，今有「耿介」，《離騷》：「彼堯舜之耿介兮，既遵道而得路。」蔣介石字中正，王安石字介甫，皆名字相關也。介有阻隔義，今有「不必介懷」「介意」。

「耿」亦有阻隔、正直二義，如「耿耿於懷」，同步引申也。

公)|(bié　　分也。从重八。八，別也，亦聲。《孝經說》曰：故上下有別。〔兵列切〕

【注釋】

此古文「別」字，乖字從之。《說文》無別，有㓟，云：分解也，即別字也。別有類義，今有「類別」「性別」。又有另外義，如「別開生面」。古無「另」字，另外的意義用別。

公 公 gōng　　平分也。从八，从厶音司。八，猶背也。韓非曰：背厶為公。〔古紅切〕

【注釋】

公者，共也，共同也，《韓非子》：「此人主之所公患也。」

必)|(bì　　分極也。从八、弋，弋亦聲。〔卑吉切〕

【注釋】

從八，從弋，八代表戈矛的穿孔，用於固定於柄上，抽象為必定的必，另造柲。郭沫若《殷周青銅器銘文研究》：「余謂必乃柲之本字，象形，八聲，从木作柲則後起之字也。」柲是矛的柄。

余 余 yú　　語之舒也。从八，舍省聲。〔以諸切〕 余 二余也，讀與余同。

【注釋】

甲骨文作 ，象樹木支撐的房子，與舍同意。余、餘二字有別，今歸併為一，第一人稱代詞、姓氏（如余秋雨）不能寫作餘。見「餘」字注。上古第一人稱用余，「余一人」則為帝王、君主自稱。

文十二 重一

釆部

釆 釆 biàn　　辨別也。象獸指爪分別也。凡釆之屬皆从釆。讀若辨。 釆

古文釆。〔蒲莧切〕

【注釋】

釆乃辨之古文。「讀若辨」，此許書以讀若破假借之例。

段注：「惠氏棟云：《尚書》平章、平秩，平字皆當作釆，與古文平相似而誤。此肊測不可從。」古有「辨章」，有「平章」，不可一律，見王引之《經義述聞》。

番 🔲 fán　　獸足謂之番。从釆，田象其掌。〔附袁切〕🔲番，或从足，从煩。🔲古文番。

【注釋】

本義是獸足，即熊蹯之初文也。常用義是更替，今有「輪番」。又作為量詞，次也，如「三番五次」，辛棄疾《摸魚兒》：「更能消幾番風雨。」

宷 🔲 shěn（審）　　悉也，知宷諦也。从宀，从釆。〔徐鍇曰：宀，覆也。釆，別也。包覆而深別之。宷，悉也。〕〔式荏切〕🔲篆文宷，从番。

【注釋】

今通行篆文審。簡化字作审。審既為篆文，則宷為籀文、古文明矣。《說文》有以籀文、古文而不以篆文為字頭者，便於歸部故也。

審之常用義有詳細也，今有「詳審」。有慎重義，今有「審慎」，詳亦有此二義，同步引申也。有清楚明白義，如「當局者迷，旁觀者審」。又知道也，也寫作「谉」「詷」，如「不審近況如何」。副詞有確實義，如「審如其言」。

悉 🔲 xī　　詳盡也。从心，从釆。〔息七切〕🔲古文悉。

【注釋】

本義是詳盡，如「此言甚悉」。引申出盡、全義，如「悉心照料」「書不悉意」。又有知道義，今有「獲悉」「來信收悉」。

釋 🔲 shì　　解也。从釆。釆，取其分別物也。从睪聲。〔賞職切〕

【注釋】

释乃草書楷化字形，本義是分解。今有「解釋」。

段注：「《廣韻》曰：捨也；解也；散也；消也；廢也；服也。按其實一解字足以包之。」釋迦牟尼省稱釋，「釋教」，佛教也；「釋子」，和尚也；「釋家」，佛家也。

文五　重五

半部

半 𢆶 bàn　　物中分也。从八，从牛。牛為物大，可以分也。凡半之屬皆從半。〔博幔切〕

【注釋】

本義是分開。「物中分」者，故半有中義，也有分義。半，中也，今有「半途而廢」「半大不大」。半，分也，「夜分」即夜半也。「喪師分矣」，即喪師半也。「太半」謂大半也。

胖 胖 pàn　　半體肉也。一曰：廣肉。从半，从肉，半亦聲。〔普半切〕

【注釋】

本義是古代祭祀用的半體牲，今作肥胖字。胖在唐代以前無肥胖義。廣肉即「心廣體胖」義。胖，大也。

張舜徽《約注》：「古無以胖為肥胖字者，肥胖字本當作肪，《肉部》：肪，肥也。古無輕脣音，讀肪為滂，即胖音也。後人失其義，乃借胖為之。」

段注：「臚、胖，皆謂夾脊肉。禮家以胖為半體，胖之言片也，析肉意也。『一曰：廣肉』者，胖之言般也。般，大也。《大學》：心廣體胖。其引申之義也。」

叛 叛 pàn　　半也。从半，反聲。〔薄半切〕

文三

牛部

牛 牛 niú　　大牲也。牛，件也。件，事理也。象角頭三、封尾之形。凡牛之屬皆从牛。〔徐鍇曰：件，若言物一件二件也。封，高起也。〕〔語求切〕

【注釋】

牛為大牲，故豬牛羊備謂之太牢。太者，大也。牛亦引申為大義，故大者或稱

為牛，或稱為馬。段注：「按藻之大者曰牛藻，凡艸類之大者多曰牛、曰馬。郭云：江東呼馬藻矣。」

牡 ♀ mǔ　　畜父也。从牛，土聲。〔莫厚切〕

【注釋】

本義是雄性動物。甲骨文作 ♀，郭沫若《甲骨文字研究》謂乚乃雄性生殖器之形。見下「牝」字注。引申鎖簧謂之牡，即古代鎖中可以插入拔出的部分，相當今之鎖鉤（今之鎖鉤不能取下）。

犅 ♀ gāng　　特牛也。从牛，岡聲。〔古朗切〕

【注釋】

本義是公牛。《詩經》：「白牡騂犅。」

特 ♀ tè　　朴特，牛父也。从牛，寺聲。〔徒得切〕

【注釋】

本義是沒有閹割的公牛，泛指雄性動物。

特之常用義，有單獨義，今有「獨特」「特立獨行」。又有配偶義，《詩經》：「髧彼兩髦，實維我特。」虛詞為不過、僅僅義，「非特」謂不但、僅僅也。又有特別義，殊也有此義，《戰國策》：「今者老臣殊不欲食。」特有不同義，殊也有，今有「特殊」，同步引申也。

牝 ♀ pìn　　畜母也。从牛，匕聲。《易》曰：畜牝牛，吉。〔毗忍切〕

【注釋】

本義是雌性動物，如「牝雞司晨」，謂母雞打鳴也，乃國家衰敗之象。又溪谷謂之牝，如「虛牝」，乃女性生殖器之相似引申也。

郭沫若《釋祖妣》考證甲骨文中的「祖」（且）、「妣」（匕）二字乃是「牝牡之初字」，云：「卜辭牝牡字無定形，牛羊犬豕馬鹿均隨類賦形，而不盡从牛作。牡、牝二字均从丄、匕，丄、匕為何？丄、匕即祖妣之省也。古文祖不从示，妣不从女，且實牡器之象形，古可省為丄。匕乃匕柶之延伸，蓋以牝器似匕，故以匕為妣若牝也。」

犢 dú　　牛子也。从牛，瀆省聲。〔徒谷切〕

【注釋】

本義是牛犢，犢乃草書楷化字形。

牬 bèi　　二歲牛。从牛，宋聲。〔博蓋切〕

㺼 sān　　三歲牛。从牛，參聲。〔穌含切〕

牭 sì　　四歲牛。从牛，从四，四亦聲。〔息利切〕 㸚 籀文牭，从貳。

犗 jiè　　騬牛也。从牛，害聲。〔古拜切〕

【注釋】

本義是閹割過的牛，泛指閹割。段注：「《馬部》曰：騬，犗馬也。謂今之騸馬。」

牻 máng　　白黑雜毛牛。从牛，尨聲。〔莫江切〕

【注釋】

從尨之字多有雜色義，如狵（毛多色雜的狗）、尨（多毛的狗）、駹（雜色的馬）等。

段注：「古謂雜色不純為尨，亦作駹，古文假借作龍，亦作蒙。牻訓為白黑雜毛，然則凡謂雜色不純亦可用牻字。」

犃 liáng　　牻牛也。从牛，京聲。《春秋傳》曰：牻犃。〔呂張切〕

犡 lì　　牛白脊也。从牛，厲聲。〔洛帶切〕

㺭 tú　　黃牛虎文。从牛，余聲。讀若塗。〔同都切〕

犖 luò　　駁牛也。从牛，勞省聲。〔呂角切〕

【注釋】

本義是雜色牛，引申為雜色。常用義有「犖犖」，分明、明顯也，今有「犖犖大端」。「卓犖」，卓越傑出也，如「才華卓犖」。

段注：「馬色不純曰駁，駁、犖同部疊韻。《天官書》：此其犖犖大者。謂寥寥甚少者也。又卓犖，超絕也。」

㸿 㸿 liè　　牛白脊也。从牛，寽聲。〔力輟切〕

【注釋】

埒，矮牆也。寽聲，聲兼義也。

㺮 㺮 pēng　　牛駁如星。从牛，平聲。〔普耕切〕

【注釋】

牛毛雜如星，如棋子分布於棋枰也，故名㺮，聲兼義也。

犥 犥 piāo　　牛黃白色。从牛，麃聲。〔補嬌切〕

【注釋】

黃白牛為犥，黃白馬為驃，秦瓊坐騎為黃驃馬，聲近義通，同源詞也。

段注：「黃馬發白色曰驃，票、麃同聲。然則犥者，黃牛發白色也。《內則》鳥皫色，亦謂發白色。」

犉 犉 rún　　黃牛黑唇也。从牛，臺聲。《詩》曰：九十其犉。〔如均切〕

【注釋】

臺，音 chún，隸變作享。段注：「《釋畜》云：黑唇，犉。毛傳云：黃牛黑唇曰犉。按《爾雅》不言黃牛者，牛以黃為正色，凡不言何色皆謂黃牛也。」

㸬 㸬 yuè　　白牛也。从牛，寉聲。〔五角切〕

【注釋】

段注：「《白部》曰：皜，鳥之白也。此同聲同義。」

犅 犅 jiāng　　牛長脊也。从牛，畺聲。〔居良切〕

【注釋】

　　從畺之字、之音多有大義。將，大也。京，大也。聲近義通也。如疆（大的邊界）、麠（大鹿也）、鱷（即鯨，海大魚也）、彊（弓有力也）、韁（馬緤也）。

　　牦　牦 tāo　　牛徐行也。从牛，攸聲。讀若滔。〔土刀切〕

【注釋】

　　段注：「俗謂舒遲曰牦牦。」

　　犨　犨 chōu　　牛息聲。从牛，雔聲。一曰：牛名。〔赤周切〕

【注釋】

　　本義是牛喘息聲。又有突出義，《呂氏春秋》：「南家之牆犨於前而不直。」春秋時晉國有魏犨。

　　牟　牟 móu　　牛鳴也。从牛，象其聲氣从口出。〔莫浮切〕

【注釋】

　　本義是牛叫的聲音。常用義是求取，今有「牟利」。又通「侔」，相等、等同也。段注：「此合體象形。」段之合體象形，即依附象形也。

　　犙　犙 chǎn　　畜牲也。从牛，產聲。〔所簡切〕

【注釋】

　　本義即牲畜。《說文》：「嘼，犙也。」「嘼」即畜牲之本字，見「嘼」字注。

　　牲　牲 shēng　　牛完全。从牛，生聲。〔所庚切〕

【注釋】

　　本義是祭祀用的完整的牛。泛指祭祀品。段注：「引申為凡畜之稱。《周禮·庖人》注：始養之曰畜，將用之曰牲。」

　　牷　牷 quán　　牛純色。从牛，全聲。〔疾緣切〕

【注釋】

段注：「大鄭注釋牷為純也，為許所本。後鄭則訓犧為純毛，牷為體完具，與許異。」

牽 𗥩 qiān（牽）　　引前也。从牛，象引牛之縻也。玄聲。〔苦堅切〕

【注釋】

牽乃草書楷化俗字。段注：「引申之，挽牛之具曰牽。又凡連貫之詞曰牽。」常用義是連累、連帶，如「為俗務所牽」。又拘束、拘泥義，如「學者牽於所聞」。

牿 𤙦 gù　　牛馬牢也。从牛，告聲。《周書》曰：今惟牿牛馬。〔古屋切〕

【注釋】

本義是養牛馬的圈。又指綁在牛角上使其不能抵人的橫木，同「梏」。又桎梏、束縛也。

牢 𤙭 láo　　閑，養牛馬圈也。从牛，冬省，取其四周匝也。〔魯刀切〕

【注釋】

閑之本義也是欄圈，同義連文。牢之本義是養牛馬的圈，今有「亡羊補牢」。

引申為養在牢裏面的東西，供祭祀用的牛羊豬謂之牢，如「太牢」「少牢」，古代有專門為祭祀而圈養的牛羊，肥且乾淨。引申為牢固、牢獄等。引申為官方發給的糧食，《後漢書》：「多其牢賞。」「牢賞」謂賞以米糧，引申為犒勞。「牢直」謂糧餉也。

甲骨文作、𡶟、𡷨，商承祚《殷墟文字類編》：「牢為獸閑，不限牛，故其字或从羊。」李孝定《甲骨文字集釋》：「所謂从冬者，實象牢形，即許言取其四匝是也。」

犓 𤛮 chú　　以芻莝養牛也。从牛、芻，芻亦聲。《春秋國語》曰：犓豢幾何？〔測愚切〕

【注釋】

今「芻豢」之本字也。「犓豢」同義連文。豢，養也。犓亦當動詞養義。草食類動物叫芻，雜食類動物叫豢。

段注：「草食曰芻，穀食曰豢。《孟子正義》引《說文》：牛馬曰芻，犬豕曰豢。今《說文》無此語，經傳犓豢字，今皆作芻豢。」

㹛 ráo　　牛柔謹也。从牛，㥁聲。〔而沼切〕

【注釋】

擾有擾亂義，也有順從義。此順擾之本字也。柔謹，同義連文，柔順也。擾有順、亂相反二義，正反同辭也。段注：「按凡馴擾字當作此，隸作㹛。《廣雅》：㹛，柔也，善也。」

犕 bèi　　《易》曰：犕牛乘馬。从牛，𤰈聲。〔平祕切〕

【注釋】

今「服牛乘馬」之本字也。許書有徑引古書原文為釋義之例。服有駕馭義。

段注：「此蓋與《革部》之鞁同義。鞁，車駕具也。故《玉篇》云：犕，服也，以鞍裝馬也。故服、犕皆扶逼反，以車駕牛馬之字當作犕，作服者假借耳。」

𤘽 lí（犁）　　耕也。从牛，黎聲。〔郎奚切〕

【注釋】

今俗字作犁。耕的本義也是犁。段注：「𤘽耕二字互訓，皆謂田器。今人分別，誤也。」

靟 fěi　　兩壁耕也。从牛，非聲。一曰：覆耕種也。讀若匪。〔非尾切〕

【注釋】

從非之字多有違背義，如斐（分別文也）、𣯏（毛紛紛也）、非（違也）、䨽（別也）、靡（披靡也）、靠（相違也）、扉（戶扇也）、排（擠也）。

犡 tāo　　牛羊無子也。从牛，壽聲。讀若糗糧之糗。〔徒刀切〕

牴 dǐ（抵）　　觸也。从牛，氐聲。〔都禮切〕

【注釋】

此牴觸本字也。段注：「《角部》曰：觸，抵也。亦作抵、觝。」

衛 衛 wèi　　牛踶衛也。从牛，衛聲。〔于歲切〕

【注釋】

段注：「踶衛猶踐蹋也。」

堅 堅 qiǎn　　牛很，不從引也。从牛，从臤，臤亦聲。一曰：大貌。讀若賢。〔吃善切〕

【注釋】

很，違背、不順也。從臤之字多有不順義，見「臤」字注。「一曰：大貌。讀若賢」，見「賢」字注。

牼 牼 kēng　　牛膝下骨也。从牛，巠聲。《春秋傳》曰：宋司馬牼，字牛。〔口莖切〕

【注釋】

本義即牛膝下骨。

衿 衿 jìn　　牛舌病也。从牛，今聲。〔巨禁切〕

【注釋】

段注：「《廣韻》作牛舌下病，舌病則噤閉不成聲，亦作齡。」從「今」之字多有緊閉義。金，禁也；唫，口急也；含，嗛也。

犀 犀 xī　　南徼外牛，一角在鼻，一角在頂，似豕。从牛，尾聲。〔先稽切〕

【注釋】

徼，邊境也。南方邊境外出產的牛。常用義是堅固，今有「犀利」「犀車良馬」。

牣 牣 rèn　　牣滿也。从牛，刃聲。《詩》曰：於牣魚躍。〔而震切〕

【注釋】

本義是滿，今有「充牣」。段注：「牣，此復字刪之未盡者。」

物 物 wù 　萬物也。牛為大物，天地之數，起於牽牛，故從牛。勿聲。〔文弗切〕

【注釋】

張舜徽《約注》：「數，事也。牛資農耕，事之大者，故引牛而耕，乃天地間萬事萬物根本。」「勿」是一種雜色旗，表示雜色。「物」之本義為雜色牛。

段注：「牛為物之大者，故物從牛，與半同意。戴先生《原象》曰：周人以斗、牽牛為紀首，命曰星紀，自周而上，日月之行不起於斗、牽牛也。」十二星次星紀是第一次，對應二十八星宿正是斗、牛二宿。

常用義是別人、眾人，今有「待人接物」「物望所歸」。「物議」謂眾人的議論。又實質內容謂之物，今有「言之無物」。又有察看義，今有「物色」，同義連文，「色」亦察看義。「物」有種類義，「色」亦有種類義，同步引申也。見「色」字注。

犧 犧 xī（牺） 　宗廟之牲也。從牛，羲聲。賈侍中說：此非古字。〔許羈切〕

【注釋】

今作牺，另造之俗字也。本義是祭祀用的純色牲畜。色純為犧，體全為牲。

文四十五 重一

犍 犍 jiān 　犗牛也。從牛，建聲。亦郡名。〔居言切〕

【注釋】

本義是閹割過的公牛。四川省有犍為縣，犍為文學又叫犍為舍人，曾為《爾雅》作注。《經典釋文·敘錄》：「《爾雅》犍為文學注，三卷。」又云：「犍為郡文學卒史臣舍人，漢武帝時待詔。」

犝 犝 tóng 　無角牛也。從牛，童聲。古通用僮。〔徒紅切〕

【注釋】

無角小牛也。

文二 新附

犛部

犛 犛 máo　　西南夷長髦牛也。从牛，𠩺聲。凡犛之屬皆从犛。〔莫交切〕

氂 氂 lí　　犛牛尾也。从犛省，从毛。〔里之切〕

【注釋】

今釐（厘）米之本字也。《說文》：「釐，家福也。」非本字明矣。

斄 斄 lái　　強曲毛，可以箸起衣。从犛省，來聲。〔洛哀切〕厥古文斄省。

【注釋】

硬而鬈曲的毛，可以絮衣服。

文三　重一

告部

告 告 gào　　牛觸人，角箸橫木，所以告人也。从口，从牛。《易》曰：僮牛之告。凡告之屬皆从告。〔古奧切〕

【注釋】

本義是牛頭上的橫木，或作「牿」。或謂此桎梏之初文也。常用義，請求也，今有「告假」「告老還鄉」「告饒」；告發也，今有「控告」「告發」；表明也，今有「告白」「自告奮勇」「告辭」；古代官吏的休假也叫告，「賜告」謂皇帝准許告假。

《廣韻》：「告上曰告，告下曰誥。」「告」「誥」原來都是告訴義，後來用法不同，下告上叫「告」，上告下為「誥」或「詔」。秦以後「詔」只限於皇帝下命令用，宋以後「誥」只限於皇帝任命高級官吏或封爵時用。

嚳 嚳 kù　　急告之甚也。从告，學省聲。〔苦沃切〕

【注釋】

常用作帝嚳名，五帝之一也，堯之父。

文二

口部

口 ㅂ kǒu　　人所以言、食也。象形。凡口之屬皆从口。〔苦后切〕

【注釋】

口有人口義，如「食口眾多」。「生口」謂活人也，指奴隸、俘虜等。又指寸口脈，簡稱寸或口。

噭 jiào　　吼也。从口，敫聲。一曰：噭，呼也。〔古弔切〕

【注釋】

同「叫」，許書有同部重文之例。

噣 zhòu　　喙也。从口，蜀聲。〔陟救切〕

【注釋】

嘴也。

喙 huì　　口也。从口，彖聲。〔許穢切〕

【注釋】

鳥嘴稱喙，人嘴稱嘴。泛指嘴，今有「不容置喙」。「喙息」指用口呼吸的動物。

吻 wěn　　口邊也。从口，勿聲。〔武粉切〕 㗃 吻，或从肉，从昬。

【注釋】

口邊者，嘴唇也。吻之本義即嘴唇，特指動物的嘴，如「唇吻」。今有「接吻」者，謂嘴唇相接也。「吻合」者，嘴唇相合也。

嚨 lóng　　喉也。从口，龍聲。〔盧紅切〕

喉 hóu　　咽也。从口，侯聲。〔乎鉤切〕

噲 kuài　　咽也。从口，會聲。讀若快。一曰：嚨噲也。〔苦夬切〕

吞 tūn　　咽也。从口，天聲。〔土根切〕

【注釋】

段注：「今人以吞吐對舉，據此則咽喉本名吞，俗云喉吞是也。猶之喉本名咽，平聲，今人以為下咽字。」引申義有包含、包容也，司馬相如《子虛賦》：「吞若雲夢者八九。」

咽 yān　　嗌也。从口，因聲。〔烏前切〕

【注釋】

本義是咽喉。段注：「咽者，因也。言食因於是以上下也。」

嗌 yì　　咽也。从口，益聲。〔伊昔切〕 籀文嗌，上象口，下象頸脈理也。

【注釋】

本義是咽喉。又音 ài，噎也，咽喉被食物等塞住。

喗 yǔn　　大口也。从口，軍聲。〔牛殞切〕

【注釋】

從軍之字多有大義，如輝、渾（水流大）之類。

哆 chǐ　　張口也。从口，多聲。〔丁可切〕

【注釋】

從多之字多有張大義，如侈（用財物過度）、奓（同奢）、誃（分離）。《小雅》：「哆兮侈兮。」毛傳：「哆，大貌。」

呱 gū　　小兒嗁聲。从口，瓜聲。《詩》曰：后稷呱矣。〔古乎切〕

【注釋】

今有「呱呱而泣」。嗁，啼之異體。

啾 jiū　　小兒聲也。从口，秋聲。〔即由切〕

【注釋】

啾，小聲也。「啾啾」，象聲詞，形容動物細小的叫聲，如「啾啾鳥鳴」。「啾唧」，小聲也，如「秋蟲啾唧」。從秋之字多有收斂義，收斂則小，如愁、揫（聚斂）、摮（聚斂）等。

喤 喤 huáng　　小兒聲。從口，皇聲。《詩》曰：其泣喤喤。〔乎光切〕

【注釋】

喤，大聲也。從皇之字多有大義，見前「瑝」字注。段注：「啾謂小兒小聲，喤謂小兒大聲也。如《離騷》鳴玉鸞之啾啾、《詩》鐘鼓喤喤、喤喤厥聲，則泛謂小聲大聲。」

咺 咺 xuǎn　　朝鮮謂兒泣不止曰咺。從口，宣省聲。〔況晚切〕

【注釋】

從亘之字多有大義，如桓（大木頭）、晅（日光盛）、烜（日光盛）、宣（大房子）等。

唴 唴 qiàng　　秦、晉謂兒泣不止曰唴。從口，羌聲。〔丘尚切〕

咷 咷 táo（啕）　　楚謂兒泣不止曰噭咷。從口，兆聲。〔徒刀切〕

【注釋】

此「嚎啕」本字也，或作謿。《方言》：「楚謂之噭咷。」

喑 喑 yīn　　宋、齊謂兒泣不止曰喑。從口，音聲。〔於今切〕

【注釋】

段注：「《方言》：齊宋之間謂之喑，或謂之怒。按喑之言瘖也，謂啼極無聲。」引申出嗓子啞，不能出聲，如「喑啞」。

嶷 嶷 yì　　小兒有知也。從口，疑聲。《詩》曰：克歧克嶷。〔魚力切〕

【注釋】

今《詩經》作「克歧克嶷」，本字當作嶷。嶷，有知也。後以「歧嶷之姿」謂孩

童年幼聰慧。

段注:「《大雅》:克岐克嶷。毛曰:岐,知意也。嶷,識也。按此由俗人不識嶷字,蒙上岐字改从山旁耳。」

咳 𣬒 hái(孩)　　小兒笑也。从口,亥聲。〔戶來切〕𣬒 古文咳,从子。

【注釋】

今通行重文孩。「孩提」一詞保留本義,謂幼兒始知發笑尚在襁褓中也,也作「孩抱」「提孩」。

段注:「《內則》云:孩而名之,為作小兒笑而名之也。」幼兒名孩者,因其會笑也。今「咳」「孩」分別異用,「咳」作「咳嗽」字。咍,笑也。咍、孩同源詞也。

嗛 𠺕 xián　　口有所銜也。从口,兼聲。〔戶監切〕

【注釋】

此用嘴銜之本字也。銜的本義是馬口中之鐵,即馬銜,非本字明矣。

咀 𠺕 jǔ(嘴)　　含味也。从口,且聲。〔慈呂切〕

【注釋】

嘴,俗字作咀。

啜 𠻵 chuò　　嘗也。从口,叕聲。一曰:喙也。〔昌說切〕

【注釋】

《離騷》:「哺其糟而啜其醨。」

喋 𠻄 jí　　嚼也。从口,集聲。讀若集。〔子入切〕

嚌 𠻄 jì　　嘗也。从口,齊聲。《周書》曰:大保受同祭嚌。〔在詣切〕

【注釋】

《廣雅》:「嚌,嘗也。」微微嘗一點,古代行禮時的儀節之一。如「啐」與「嚌」對舉時,則「嚌」特指吸入酒時只到牙齒而止,不吸入口;吸入口則稱「啐」。

嚼 jiào / jiáo（嚼）　　 齧也。从口，焦聲。〔才肖切〕，又〔才爵切〕
嚼 嚼，或从爵。

【注釋】

今通行重文嚼。本一字之異體，後分別異用，「嚼咀」「嚼嚼」即咀嚼，「嚼類」
謂能吃東西的動物，特指尚活著的人。「無嚼類」謂沒有一個人生存。「嚼嚼」，鳥鳴
聲。

又有急促義，「嚼殺」謂聲音急促，不舒緩。《禮記‧樂記》：「是故志微，嚼殺
之音作，而民思憂。」孔穎達疏：「嚼殺，謂樂聲嚼蹙殺小。」

吮 shǔn　　 欶也。从口，允聲。〔徂沇切〕

嗽 shuò　　 小飲也。从口，率聲。讀若刷。〔所劣切〕

嚵 chán　　 小嗽也。从口，毚聲。一曰：喙也。〔士咸切〕

噬 shì　　 啗也，喙也。从口，筮聲。〔時制切〕

【注釋】

本義是咬。今有「吞噬」，「噬臍莫及」，喻後悔無及。

啗 dàn　　 食也。从口，臽聲。讀與含同。〔徒濫切〕

【注釋】

「啖」的異體字。

嘰 jī　　 小食也。从口，幾聲。〔居衣切〕

【注釋】

段注：「按《皀部》有既字，云：小食也。嘰與既音義皆同而各字。」從幾之字
多有小義。幾，微也；璣，小珠子；機，精謹也；蟣，蝨子也。

嚩 bó　　 嚼貌。从口，尃聲。〔補各切〕

含 𠷂 hán　　嗛也。从口，今聲。〔胡男切〕

【注釋】

本義是用嘴含著。引申心裏懷著義，如「含怒未發」。「銜」亦有此二義，同步引申也。

哺 𩚏 bǔ　　哺咀也。从口，甫聲。〔薄故切〕

【注釋】

吃飯謂之哺，引申餵養義，如「哺乳」。「哺食」，十二時辰之一，吃晚飯之時（古人一日兩餐）。飯也叫哺，曹操《短歌行》：「周公吐哺，天下歸心。」段注：「哺咀，食也。凡含物以飼曰哺，《爾雅》：生哺，鷇。」

味 𤽠 wèi　　滋味也。从口，未聲。〔無沸切〕

【注釋】

體會其中道理也謂之味，杜甫詩：「虛心味道玄。」唐人有蘇味道。今有「體味」，同義連文。

噱 𠻳 hù　　食辛噱也。从口，樂聲。〔火沃切〕

【注釋】

指辣味濃烈。

窜 𡨢 zhuó　　口滿食。从口，窡聲。〔丁滑切〕

噫 𡁕 ǎi　　飽食息也。从口，意聲。〔於介切〕

【注釋】

今打嗝也。「噫氣」謂氣壅塞而得通，又指吐氣。又音 yī，表示悲痛或歎息。「噫乎」「噫嗟」「噫嗚」「噫噓」皆歎息之貌。東漢梁鴻有《五噫歌》，詩中每句末用一「噫」字感歎。

嘽 𠾈 tān　　喘息也。一曰：喜也。从口，單聲。《詩》曰：嘽嘽駱馬。

〔他干切〕

【注釋】

「嘽嘽」謂牲畜喘息的聲音。又有寬舒、和緩義，「一曰：喜也」即此義，今有「嘽緩」。

唾 㖒 tuò（涶）　　口液也。从口，垂聲。〔湯臥切〕 涶 唾，或从水。

【注釋】

吐出亦謂之唾，今有「唾手可得」「唾棄」。重文涶，今有「涕涶」。

咦 㖭 yí　　南陽謂大呼曰咦。从口，夷聲。〔以之切〕

【注釋】

常表示感歎，相當於「啊」。《西遊記》：「咦！正是英雄氣概等時休。」

呬 㖊 xì　　東夷謂息為呬。从口，四聲。《詩》曰：犬夷呬矣。〔虛器切〕

【注釋】

本義是喘息，引申為休息。「齂呬」謂歇息，《爾雅·釋詁下》：「齂、呬，息也。」錢謙益《趙文毅公神道碑》：「數年來黨局妐騷，自今幸少得齂呬矣。」

喘 㗶 chuǎn　　疾息也。从口，耑聲。〔昌沇切〕

【注釋】

本義是急速地呼吸，湍、遄皆有快速義。

呼 㗊 hū　　外息也。从口，乎聲。〔荒烏切〕

【注釋】

本義是呼氣。

段注：「今人用此為號嘑、評召字，非也。」引申為稱舉、稱道義，《荀子》：「呼先王以欺愚者而求食焉。」今有「稱呼」。「稱」亦有此義，同步引申也。

吸 㗜 xī　　內息也。从口，及聲。〔許及切〕

【注釋】

本義是吸氣。

噓　xū　　吹也。从口，虛聲。〔朽居切〕

【注釋】

呼是急速呼氣，也泛指呼氣，噓是緩慢呼氣。「唏噓」謂感歎也，又哭泣時抽噎、哽咽，《史記》：「戚夫人唏噓流涕。」

吹　chuī　　噓也。从口，从欠。〔昌垂切〕

【注釋】

吹謂撮口極速吹氣。引申之，風謂之吹，「清吹」猶清風也。徐勉《鵲賦》：「乘清吹而西東。」管樂謂之吹，如「清吹」謂清越的管樂。多指笙笛類，「橫吹」謂橫笛也。

喟　kuì　　大息也。从口，胃聲。〔丘貴切〕喟，或从貴。

【注釋】

大息者，太息也。今有「喟歎」。太，大也。泰山者，大山也。太子者，大子也。太陽者，大陽也。太監者，大監也。

嘽　tūn　　口氣也。从口，臺聲。《詩》曰：大車嘽嘽。〔他昆切〕

【注釋】

臺，音 chún，隸變作享。段注：「毛云：嘽嘽，重遲之貌。按嘽言口氣之緩，故引申以為重遲之貌。」

嚏　tì　　悟解氣也。从口，疐聲。《詩》曰：願言則嚏。〔都計切〕

【注釋】

悟解，同義連文。因阻塞而噴散的氣。《詩經》：「願言則嚏。」今「被想念時會打噴嚏」之說，本自《詩經》。見「欠」字注。

嚍　zhì　　野人言之。从口，質聲。〔之日切〕

噤 喻 jìn / yín　　口急也。从口，金聲。〔巨錦切〕，又〔牛音切〕

【注釋】

急，緊也，閉也。「口急」即閉口也。常通「噤」，《墨子》：「臣下重其爵位而不言，近臣則喑，遠臣則唫。」金者，緊也，聲兼義也。見前「衿」字注。又音 yín，同「吟」。

噤 㕵 jìn　　口閉也。从口，禁聲。〔巨禁切〕

【注釋】

今有「噤若寒蟬」。引申出關閉義，今有「噤門」。

名 呂 míng　　自命也。从口，从夕。夕者，冥也，冥不相見，故以口自名。〔武並切〕

【注釋】

自己稱呼自己的名字。命者，名也。引申有叫出義，今有「莫名其妙」「無以名之」。據段注，名當是銘之初文。

吾 吾 wú　　我自稱也。从口，五聲。〔五乎切〕

【注釋】

「吾」在上古做第一人稱代詞，一般不做賓語。「我」主語、賓語都可以做，《莊子》：「今者吾喪我。」

哲 㗀 zhé　　知也。从口，折聲。〔陟列切〕㦑 哲，或从心。嚞 古文哲，从三吉。

【注釋】

本義是智慧，哲學是智慧之學。知者，智之古字。《方言》：「黨、曉、哲，知也。」該字又作「喆」，多用於人名。王重陽入道後，改名王嚞，號重陽子。

君 𠺞 jūn　　尊也。从尹，發號，故从口。〔舉云切〕𠁣 古文象君坐形。

【注釋】

本義是君主。「君子」最初指貴族、統治階級，後來指道德高尚的人。「小人」最初指平民百姓，後來指道德差的人。《孟子》:「無君子莫治野人，無野人莫養君子。」野人即平民百姓。

命 mìng　　使也。从口，从令。〔眉病切〕

【注釋】

本義是命令。命者，天之令也。命有起名義，今有「命名」，同義連文。引申指派、命令義，「命駕」謂命令人駕車，也指乘車出遊，如「敬希早日命駕來京」。「命中」謂射中也。「命筆」謂執筆也，今有「欣然命筆」。

咨 zī　　謀事曰咨。从口，次聲。〔即夷切〕

【注釋】

訪的本義也是向人咨詢事情，跟咨同義，後演變為訪問。故咨、訪後有別，謀事曰咨，謀人曰訪。又作為語氣詞，《尚書》:「帝曰：咨，四嶽。」「咨文」是用於同級機關的一種公文。

召 zhào　　評也。从口，刀聲。〔直少切〕

【注釋】

本義是呼喊。

問 wèn　　訊也。从口，門聲。〔亡運切〕

【注釋】

《言部》曰:「訊，問也。」引申為禮之聘問。引申為追究、考察義，如「唯你是問」；引申出干預、管義，今有「不管不問」；有問候義，今有「慰問」，同義連文；有審訊義，今有「審問」；有音信、書信義，今有「音問」；有贈送義，《詩經》:「雜佩以問之。」

唯 wěi　　諾也。从口，隹聲。〔以水切〕

【注釋】

本義是答應的聲音，今有「唯唯諾諾」。段注：「此渾言之。《玉藻》曰：父命呼，唯而不諾。析言之也。」「惟」的本義是思，「唯」的本義是答應聲，「維」的本義是大繩子。

在本義上，三字各不相同，但在「思」的意義上，「惟」「維」通用，故也作「思維」。在「只」的意思上，「惟」和「唯」通用。在「由於」的意義及語氣詞時，三字通用。

唱 chàng　　導也。从口，昌聲。〔尺亮切〕

【注釋】

本義是倡導。段注：「古多以倡字為之。」古代倡、優有別。娼，倡也，唱也，猶今之歌手，後轉為賣淫者之名。優者，講故事說笑話供人取樂，猶今之演員也，如「優孟衣冠」。見「優」「伶」字注。引申之，高聲報、大聲念謂之唱，如「唱諾」「唱名」「唱票」。

和 hé　　相應也。从口，禾聲。〔戶戈切〕

【注釋】

和之本義為唱和，和諧本字當作龢。段注：「古唱和字不讀去聲。」引申出連帶義，今有「和盤托出」「和衣而睡」。又連詞，「連……都」義，如「衡陽猶有雁傳書，郴陽和雁無」。「和鸞鏘鏘」者，和、鸞皆鈴鐺也。分而言之，和在軾，鸞在衡。

咥 xì / dié　　大笑也。从口，至聲。《詩》曰：咥其笑矣。〔許既切〕，又〔直結切〕

【注釋】

本義是大笑。「咥然」笑貌。又音 dié，咬也，「咥噬」謂咬食、吞吃也。

啞 è　　笑也。从口，亞聲。《易》曰：笑言啞啞。〔於革切〕

【注釋】

今「啞然失笑」仍保留本義。啞然者，笑貌，舊讀 è，今讀 yǎ，謂不由自主地發笑。啞巴義乃後起。

段注：「按《字林》云：謚，笑聲，呼益反。此由『笑言啞啞』字音形皆變而云然。啞俗訓為瘂，幺下切。」

噱 ^瞟 jué　　大笑也。从口，豦聲。〔其虐切〕

【注釋】

本義是大笑，如「可發一噱」。泛指笑，如「發噱」。今有「噱頭」，謂逗笑的話或舉動。

唏 ^唏 xī　　笑也。从口，稀省聲。一曰：哀痛不泣曰唏。〔虛豈切〕

【注釋】

本義是發笑。「唏唏」，笑聲也。陳士芑《甲辰二十八初度自述一百韻》：「夸父揶揄愚公唏。」「一曰：哀痛不泣曰唏」者，哀歎也，《淮南子》：「紂為象箸而箕子唏。」今「唏噓」保留此義。

听 ^听 yǐn　　笑貌。从口，斤聲。〔宜引切〕

【注釋】

本義是笑，司馬相如《子虛賦》：「無是公听然而笑。」今作聽之簡化字。古二字音義有別。

呭 ^呭 yì　　多言也。从口，世聲。《詩》曰：無然呭呭。〔余制切〕

【注釋】

呭呭謂囉嗦、話多也。

嘵 ^嘵 jiāo　　聲嘵嘵也。从口，梟聲。〔古堯切〕

咄 ^咄 duō　　相謂也。从口，出聲。〔當沒切〕

【注釋】

相謂者，相告也。本義是呵斥，如「厲聲咄之」「咄叱」「咄嗒」「咄罵」。「咄嗟」，吆喝也，一呼一應的工夫，即一霎時。「咄嗟立辦」謂馬上就能辦到。「咄咄逼

人」原指出語傷人，令人難堪。後多形容氣勢洶洶，盛氣凌人。又有驚異義，今有「咄咄」，表示驚異，如「咄咄怪事」。

唉 ^嗳 āi　　應也。从口，矣聲。讀若埃。〔烏開切〕

【注釋】

本義是應答之聲。假借為「誒」，表示歎息，《史記·項羽本紀》：「亞父受玉斗，置之地，拔劍撞而破之，曰：唉！豎子不足與謀。」

哉 ^㦲 zāi　　言之間也。从口，𢦏聲。〔祖才切〕

【注釋】

表示話語間歇的虛詞。常用有開始義，通「才」，《爾雅》：「哉，始也。」《尚書》：「哉生明。」「哉生魄。」

段注：「凡兩者之際曰間，一者之竟亦曰間，一之竟即兩之際也，言之間歇多用哉字。若『哉生明』『初、哉、首、基』，則又訓哉為始。凡竟即為始。」

噂 ^𡂨 zǔn　　聚語也。从口，尊聲。《詩》曰：噂沓背憎。〔子損切〕

【注釋】

本義是聚在一起談論。《小雅》：「噂沓背憎。」毛傳：「噂猶噂噂，沓猶沓沓。」「噂沓背憎」謂當面談笑，背後憎恨。「噂沓」謂聲音繁雜。「噂噂」，形容嘈雜聲。「噂議」謂相聚議論。從尊之字多有聚義，見後「傅」字注。

咠 ^㖪 qì　　聶語也。从口，从耳。《詩》曰：咠咠幡幡。〔七入切〕

【注釋】

附耳私語也，又指讒言。

呷 ^呷 xiā　　吸呷也。从口，甲聲。〔呼甲切〕

【注釋】

本義是小口喝，如「呷茶」「呷醋」。

嘒 㗀 huì　　小聲也。从口，彗聲。《詩》曰：嘒彼小星。〔呼惠切〕㗊 或从慧。

【注釋】

　　本義是小的聲音，如《詩經》：「鳴啁嘒嘒。」《詩經》：「嘒嘒管聲。」又形容星光微小而明亮，《詩經》：「嘒彼小星，三五在東。」《詩經》：「有嘒其星。」從彗之字多有小義，如憓，謹慎小心也；鏏，小鼎也。

嘫 㗀 rán　　語聲也。从口，然聲。〔如延切〕

【注釋】

　　此應然之本字也。段注：「《方言》：欸，然也。《廣雅》：欸、譍、然，應也。按然即嘫，應聲也。」

唪 㗀 běng　　大笑也。从口，奉聲。讀若《詩》曰：瓜瓞菶菶。〔方蠓切〕

【注釋】

　　或謂此「捧腹大笑」之本字也，本錢坫《說文斠詮》。今作「捧腹大笑」者，乃詞語生動化之結果，他如「骨瘦如柴」「跳樑小丑」等，皆有本字也。參楊琳先生《詞彙生動化及其理論價值》。

嗔 㗀 tián　　盛氣也。从口，真聲。《詩》曰：振旅嗔嗔。〔待年切〕

【注釋】

　　今作為嗔怒字。

嘌 㗀 piāo　　疾也。从口，票聲。《詩》曰：匪車嘌兮。〔撫招切〕

【注釋】

　　從票之字多有急速輕快義，見後「趣」字注。

嘑 㗀 hū（呼）　　號也。从口，虖聲。〔荒烏切〕

【注釋】

　　此呼喊之本字也，呼之本義為呼吸。段注：「叫呼者其字皆當作嘑，不當用外

息之字。」

喅 㖞 yù　　音聲喅喅然。从口，昱聲。〔余六切〕

嘯 嘯 xiào　　吹聲也。从口，肅聲。〔穌弔切〕𣤴 籀文嘯，从欠。

【注釋】

本義是撮口作聲，打口哨。引申為呼喊，如「嘯聚山林」，今有「呼嘯」，同義連文。段注：「《欠部》重出歗字，引《詩》：其歗也謌，今《詩》惟『條其歗矣』作歗。」

台 台 yí　　說也。从口，目聲。〔與之切〕

【注釋】

今怡之初文也。段注：「台說者，今之怡悅古字也。《說文》怡訓和，無悅字。」常用第一人稱代詞，《爾雅》：「台，我也。」又作疑問詞，何、什麼，《尚書》：「夏罪其如台？」

台之常用音為 tái，台、臺古不相混。台者，天上之三台星，古以三台喻三公，故以台表敬辭，如「兄台」「台甫」「台鑒」。臺指高臺、官署，故樓臺、臺省、御史臺不作樓台、台省。臺灣亦不作台灣。然表示敬辭的台，後代多有誤作臺者。颱風字今亦簡化作台，古則專用颱。

喓 喓 yáo　　喜也。从口，䍃聲。〔余招切〕

启 启 qǐ　　開也。从戶，从口。〔康禮切〕

【注釋】

启乃啟之初文，後加攵成啟。今之簡化字，有些《說文》已有之，非後來新造。段注：「按後人用啟字訓開，乃廢启不行矣。啟，教也。《釋天》：明星謂之啟明。」漢景帝名劉啟，避諱改啟明星為開明星，改啟蟄為驚蟄。

噞 噞 tǎn　　聲也。从口，貪聲。《詩》曰：有噞其餤。〔他感切〕

【注釋】

眾人吃東西的聲音。

咸 咸 xián　　皆也，悉也。从口，从戌。戌，悉也。〔胡監切〕

【注釋】

鹽鹹字古不能作咸，今簡化無別。本義是全、都，引申出普遍義，《國語》：「小賜不咸。」

呈 呈 chéng　　平也。从口，壬聲。〔直貞切〕

【注釋】

呈者，程之初文，程即物之準也。準，平也，寇準字仲平。度量衡之總稱謂之程。程，定量也。《史記》：「日月有呈，不中呈不得休息。」

引申為送也，今有「呈送」。「呈文」謂下級報告給上級的文字，如「辭呈」。段注：「今義云示也，見也。壬之言挺也，故訓平。」

右 右 yòu　　助也。从口，从又。〔徐鍇曰：言不足以左，復手助之。〕〔于救切〕

【注釋】

本義是贊助，《戰國策》：「右韓而左魏。」後作「佑」。引申為重視、尊重，《史記》：「守成尚文，遭遇右武。」

段注：「又者手也，手不足，以口助之，故曰助也。今人以左右為ナ又字，則又製佐佑為左右字。」

啻 啻 chì　　語詞，不啻也。从口，帝聲。一曰：啻，諟也。讀若鞮。〔施智切〕

【注釋】

不啻者，不僅、不止也，故訓為多詞。啻，又寫作「翅」。段注：「玄應引《倉頡篇》曰：不啻，多也。按不啻者，多之詞也。不啻如楚人言夥頤。」

吉 吉 jí　　善也。从士、口。〔居質切〕

【注釋】

善者，好也。故金文亦叫吉金文，謂好金也。「吉人天相」謂好人自有天助也。

「吉士」謂善人、賢人也。明清進士朝考合格者稱為「庶吉士」，謂眾多賢士也。

周 周 zhōu　　密也。从用、口。〔職留切〕周 古文周字，从古文及。

【注釋】

今「周密」保留本義。周圍之周本字作週，乃後起本字也。密則合，《論語》：「君子周而不比，小人比而不周。」周謂團結也，比謂勾結也。《韓非子》：「儒者多談而不周於用。」謂合於用也。不周山者，《山海經》：「西北海之外，大荒之隅，有山而不合，名曰不周。」又有救濟義，今有「周濟」。

唐 唐 táng　　大言也。从口，庚聲。〔徒郎切〕唐 古文唐，从口、易。

【注釋】

本義是說大話。今「荒唐」者，謂大而無當也。從唐之字、之音多有大義，如塘（大水池）、堂（高大的房子）等。

段注：「引申為大也，唐之為言蕩也。又為空也，如梵書云：福不唐捐。凡陂塘字古皆作唐，取虛而多受之意。」

唐有廣大義，如「唐大無驗」，揚雄《甘泉賦》：「平原唐其壇曼兮。」「唐唐」，廣大、浩蕩也。「唐皇」，氣勢宏偉盛大。唐堯、唐朝，皆大之義。大則空，「唐捐」謂白費也。唐、徒一聲之轉。

疇 疇 chóu　　誰也。从口、畟，又聲。畟，古文疇。〔直由切〕

【注釋】

《爾雅·釋詁》：「疇、孰，誰也。」畟本字也。「疇」本義是田地，非本字明矣。

噡 噡 dàn　　含深也。从口，覃聲。〔徒感切〕

【注釋】

從覃之字多有深義，如潭（深水）、譚（即談之異體，深入交流）、撢（以手取物）等。

噎 噎 yē　　飯窒也。从口，壹聲。〔烏結切〕

嘔 _監wà　　咽也。从口，昷聲。〔烏沒切〕

【注釋】

吞咽也，笑也。

哯 _哯xiàn　　不歐而吐也。从口，見聲。〔胡典切〕

【注釋】

本義是乾嘔，泛指嘔吐。

吐 _吐tǔ　　寫也。从口，土聲。〔他魯切〕

【注釋】

寫，後作瀉。又有顯露、呈現義，如「吐白」謂顯露白色；「吐瑞」謂呈現瑞
應；「吐綠」謂呈現翠綠色。

噦 _噦yuē　　氣牾也。从口，歲聲。〔於月切〕

【注釋】

嘔吐也。今「乾嘔」，河南方言謂之「乾噦」。

咈 _咈fú　　違也。从口，弗聲。《周書》曰：咈其耈長。〔符弗切〕

【注釋】

今拂逆之本字也。拂者，《說文》訓「過擊也」，本義乃拂動。從弗之字多有違
背義，見後「拂」字注。

嚘 _嚘yōu　　語未定貌。从口，憂聲。〔於求切〕

【注釋】

段注：「《集韻》云：憂或作嚘。又《老子》：終日號而不嚘。《玉篇》作不嚘，云：
嚘，氣逆也。」馬王堆漢墓帛書乙本《老子‧德經》：「冬（終）日號而不嚘。」今本
《老子》作「嗄」，指聲音嘶啞。

吃 _吃chī　　言蹇難也。从口，气聲。〔居乙切〕

【注釋】

　　蹇難者，困難也，同義連文。此口吃之本字也，吃飯字作喫，二字有別。古代名人之口吃者，如韓非、揚雄、鄧艾、周昌，成語「期期艾艾」亦源於此。引申為行動遲緩，如「凍馬四蹄吃」。「吃吃」，笑聲也。宋元戲曲小說裏常表被動，如「吃那廝騙了」。气，省作乞。

　　嗜 嗜 shì　　嗜欲，喜之也。从口，耆聲。〔常利切〕

【注釋】

　　本義是特殊的愛好。經傳多假「耆」為「嗜」。

　　啖 啖 dàn　　噍啖也。从口，炎聲。一曰：噉。〔徒敢切〕

【注釋】

　　噍，嚼之異體。咀嚼也，引申為引誘、誘惑義，今有「啖之以利」。

　　哽 哽 gěng　　語為舌所介也。从口，更聲。讀若井汲綆。〔古杏切〕

【注釋】

　　介者，梗塞也。哽、介雙聲。

　　嘐 嘐 xiāo　　誇語也。从口，翏聲。〔古肴切〕

【注釋】

　　本義是虛誇。「誇嘐」謂誇大也。從翏之字多有大、高義，見後「膠」字注。「嘐嘐」，雞叫聲也。《孟子》：「何以謂之狂也，曰其志嘐嘐然。」

　　啁 啁 zhāo　　啁嘐也。从口，周聲。〔陟交切〕

【注釋】

　　啁，大聲也。「啁哳」，形容聲音雜亂細碎，《琵琶行》：「嘔啞啁哳難為聽。」「啁啾」，形容鳥叫聲。又為嘲笑之古字，如「嘲啁」。

　　哇 哇 wā　　諂聲也。从口，圭聲。讀若醫。〔於佳切〕

【注釋】

諂聲者，靡靡之樂聲也。此哇之本義也。「淫哇」，謂淫邪之聲。

音 喬 è　　語相訶距也。从口，距辛。辛，惡聲也。讀若蘖。〔五葛切〕

哦 嗚 dōu　　讟哦，多言也。从口，投省聲。〔當侯切〕

呧 呧 dǐ　　苛也。从口，氐聲。〔都禮切〕

【注釋】

《說文·言部》有詆字，亦訓苛也。呧、詆蓋一字之異體也。

呰 呰 zǐ　　苛也。从口，此聲。〔將此切〕

【注釋】

本義是詆毀，同「訾」，如「毀呰」。又有弱、劣義，如「呰窳」謂苦劣也。

嗻 嗻 zhè　　遮也。从口，庶聲。〔之夜切〕

【注釋】

段注：「《廣韻》：嗻，多語之貌。然則遮者，謂多言遏遮人言也。」遮，阻止也，非遮蔽也。

唊 唊 jiá　　妄語也。从口，夾聲。讀若莢。〔古叶切〕

【注釋】

《廣韻》：「唊唊，多言也。」

嗑 嗑 kè　　多言也。从口，盍聲。讀若甲。〔候榼切〕

【注釋】

本義是多言，《孔叢子》：「堯舜千鍾，孔子百觚，子路嗑嗑，尚飲十榼。」今東北方言有「嘮嗑」。

嗙 bēng　　訶聲。嗙喻也。从口，旁聲。司馬相如說：淮南宋蔡舞嗙喻也。〔補盲切〕

嗐 xiè　　高氣多言也。从口，薑省聲。《春秋傳》曰：嗐言。〔訶介切〕

㕤 qiú　　高氣也。从口，九聲。臨淮有㕤猶縣。〔巨鳩切〕

【注釋】

㕤㕤，傲氣逼人的樣子。從九之字多有窮極義，見「尢」字注。

嘮 lāo　　嘮呶，讙也。从口，勞聲。〔敕交切〕

【注釋】

本義是喧嘩之聲。

呶 náo　　讙聲也。从口，奴聲。《詩》曰：載號載呶。〔女交切〕

【注釋】

本義是喧嘩之聲。

叱 chì　　訶也。从口，七聲。〔昌栗切〕

【注釋】

本義是呵斥，引申呼喊義，今有「叱石成羊」，《晉書》：「聞父耕叱牛聲。」

噴 pēn　　叱也。从口，賁聲。一曰：鼓鼻。〔普魂切〕

【注釋】

本義是斥責。徐灝《說文解字注箋》：「今俗語猶謂吒人曰噴。」

吒 zhà（咤）　　噴也，叱怒也。从口，乇聲。〔陟駕切〕

【注釋】

亦作咤。今有「叱吒」，呵斥也。《史記·淮陰侯列傳》：「項王喑噁叱吒，千人皆廢。」

噊 ^{噊} yù　　危也。从口，矞聲。〔余律切〕

【注釋】

　　即「譎」之異體，詭詐也。許書有異部重文之例。《爾雅》：「噊，危也。」王引之《經義述聞》：「危有二義，一為危險之危，『幾、岌、殆』是也；一為詭詐之詭，『噊』是也。噊蓋譎之別體。」王引之闡述了《爾雅》「二義同條」之體例。

崒 ^{崒} cuì　　驚也。从口，卒聲。〔七外切〕

【注釋】

　　本義是吃驚的聲音。又品嘗也，《廣雅》：「崒，嘗也。」「崒酒」，嘗酒也。「崒嘗」，品嘗也。又吐也，如「崒了一口血」。「崒罵」，唾罵也。段注：「《儀禮》今文以為崒酒字。」

唇 ^{唇} chún　　驚也。从口，辰聲。〔側鄰切〕

【注釋】

　　此震驚之本字也。口唇字《說文》作脣，口端也。段注：「後人以震字為之。」引申為邊緣義，今有「錢唇」，沈括《夢溪筆談》：「用膠泥刻字，薄如錢唇。」

吁 ^{吁} xū（籲）　　驚也。从口，于聲。〔況于切〕

【注釋】

　　本義是歎詞，表示驚歎。常用義是歎息，今有「長吁短歎」。從于之字多有大義，見上「芋」字注。

嘵 ^{嘵} xiāo　　懼也。从口，堯聲。《詩》曰：唯予音之嘵嘵。〔許幺切〕

【注釋】

　　《詩經》：「唯予音之嘵嘵。」「嘵嘵」謂恐懼淒苦的叫聲。

嘖 ^{嘖} zé　　大呼也。从口，責聲。〔士革切〕 讚 嘖，或从言。

【注釋】

　　本義是爭辯，人多口雜。今有「嘖有煩言」，謂人多嘴雜，很多人議論紛紛，表

示不滿。今有「嘖嘖」，讚歎聲。又指蟲鳥叫聲，如「塘水潺潺蟲嘖嘖」。

嗷 𤕫 áo　　眾口愁也。从口，敖聲。《詩》曰：哀鳴嗷嗷。〔五牢切〕

【注釋】

眾口愁怨之聲。「嗷嗷」謂哀鳴聲也，今有「嗷嗷待哺」。又聲音嘈雜，如「眾人嗷嗷」。

唸 𠸶 diàn　　呎也。从口，念聲。《詩》曰：民之方唸呎。〔都見切〕

【注釋】

段注：「今本無唸者，淺人以為復字而刪之。」唸呎，呻吟也，今《詩經》作「殿屎」。

呎 吚 xī　　唸呎，呻也。从口，尸聲。〔馨伊切〕

嚴 嚴 yán　　呻也。从口，嚴聲。〔五銜切〕

呻 呻 shēn　　吟也。从口，申聲。〔失人切〕

【注釋】

本義是誦讀。《禮記》：「今之教者，呻其占畢。」「呻畢」謂誦讀書籍也。占畢，書簡也。「呻」有誦讀義，引申出痛苦的低哼聲。「吟」也有誦讀、呻吟二義，同步引申也。

吟 吟 yín　　呻也。从口，今聲。〔魚音切〕訡 吟，或从音。䪩 或从言。

【注釋】

本義是誦讀，今有「吟詩」「吟誦」。引申出詩體的名稱，如「梁父吟」。又泛指詩歌，「吟社」即詩社也。引申今呻吟義。「呻」亦有誦讀、呻吟二義，同步引申也。

段注：「按呻者吟之舒，吟者呻之急，渾言則不別也。」從「今」之字多有緊、急義，見前「牸」字注。

嗞 𡔷 zī　　嗟也。从口，茲聲。〔子之切〕

【注釋】

今諮嗟之本字也。諮的本義是諮詢，非本字明矣。

哤 𠴛 máng　　哤異之言。从口，尨聲。一曰：雜語。讀若尨。〔莫江切〕

【注釋】

本義是語言雜亂，今有「哤雜」「哤聒」。

段注：「漢人多用雜為集字，集語猶聚語也。」從尨之字多有亂義，見後「尨」字注。

叫 𠴊 jiào　　呼也。从口，丩聲。〔古弔切〕

嘅 𠻆 kài　　歎也。从口，既聲。《詩》曰：嘅其嘆矣。〔苦蓋切〕

【注釋】

此「慨歎」之本字也，如「嘅然」「悲嘅」。《說文》：「慨，忼慨，壯士不得志也。」乃慷慨本字。

唌 𠹾 xián　　語唌歎也。从口，延聲。〔夕連切〕

【注釋】

本義是讒言急切貌。如「唌唌」，屢進讒言貌。後作「垂涎三尺」字之異體，如「飛唌」，噴飛口沫也。垂涎本字為次，《說文》：「次，慕欲口液也。」《爾雅》郭注：「假為次字。」

嘆 𡃶 tàn　　吞歎也。从口，歎省聲。一曰：太息也。〔他案切〕

【注釋】

吞歎者，吞聲而歎息也。今簡化作叹，嘆、歎異體字，從口、從欠義同。許書有異部重文之例。本義是歎息，引申有讚賞義，今有「讚嘆」，同義連文。引申在歌尾唱和義，今有「一唱三嘆」。

喝 hē　　渴也。从口，曷聲。〔於介切〕

【注釋】

本義為聲音嘶啞、噎塞，今作喝水字。

哨 shào　　口不容也。从口，肖聲。〔才肖切〕

【注釋】

口不容謂口小不能容納。本義是口小，引申狹小義。常用義是巡邏、偵察，今有「哨探」。從肖之字多有小、尖義，如梢（本義是樹梢）、稍（本義是禾苗之尖端）、捎（輕輕拂過）、筲（小水筒）。

段注：「鄭注《考工記》曰：哨頃，小也。《記·投壺》曰：某有枉矢哨壺。」

吪 é　　動也。从口，化聲。《詩》曰：尚寐無吪。〔五禾切〕

【注釋】

古人一個「動」字，意義範圍很寬。既包括運動、行動，《詩經》：「尚寐無吪。」也包括感動、感化，《詩經》：「周公東征，四國是吪。」

噆 cǎn　　嗛也。从口，朁聲。〔子荅切〕

【注釋】

本義是銜著、叼著。又有叮咬義。

吝 lìn　　恨惜也。从口，文聲。《易》曰：以往吝。〔臣鉉等曰：今俗別作悋，非是。〕〔良刃切〕 古文吝，从彣。

【注釋】

一句數讀，恨也，惜也。本義是吝惜。段注：「慳吝亦恨惜也。」另有恥辱義，《廣雅》作類，云：「恥也。」張衡《應間》：「得之不休，不獲不吝。」

各 gè　　異辭也。从口、夂。夂者，有行而止之，不相聽也。〔古洛切〕

【注釋】

甲骨文作 🔺，象人足走向坎穴之形，上古穴居，以會從外面歸來之義，與甲骨文「出」字構形相反。各、客、落、格（徦，來也）皆同源詞。甲骨卜辭的「各日」即落日。

否 𠘑 fǒu　　不也。從口，從不。〔方九切〕

【注釋】

常用音 pǐ，邪惡也，今有「善否」。又貶斥也，如「臧否人物」。閉塞不通也，今有「否泰」「否極泰來」。泰，通也。見「泰」字注。武俠小說《書劍恩仇錄》中人物有文泰來。

唁 𠱌 yàn　　弔生也。從口，言聲。《詩》曰：歸唁衛侯。〔魚變切〕

【注釋】

弔、唁有別，悼念死人為弔，如「弔孝」。安慰生者謂唁。段注：「以弔生為唁，別於弔死為弔也。」

哀 𠵯 āi　　閔也。從口，衣聲。〔烏開切〕

【注釋】

本義是憐憫。特指居父母喪，「哀子」謂死父母者。「居哀」「丁憂」「丁艱」義同，守孝也。

嗁 𡂡 tí（啼）　　號也。從口，虒聲。〔杜兮切〕

【注釋】

今作啼。《說文》無啼。段注：「嗁俗作啼，《士喪禮》作諦，古多假諦為嗁。」

嗀 𡄹 hù　　歐貌。從口，㱿聲。《春秋傳》曰：君將嗀之。〔許角切〕

【注釋】

本義是嘔吐。歐，嘔之異體字。㱿，殼之異體字，今簡化作壳。

咼 𠶢 wāi（歪）　　口戾不正也。從口，冎聲。〔苦媧切〕

【注釋】

《通俗文》:「斜戾曰咼。」此即歪斜之本字也,《說文》無歪字。

唧　𠷎 jì　　嘆也。从口,叔聲。〔前歷切〕

嘆　𠸄 mò　　唧嘆也。从口,莫聲。〔莫各切〕

【注釋】

《說文》無寂寞二字,唧嘆者,口之靜也。宗蔓者,夕之靜也。宗蔓者,死之靜也。轉語也。

咶　𠮯 guā　　塞口也。从口,𡥀省聲𡥀音厥。〔古活切〕𠯑 古文从甘。

【注釋】

咶,作偏旁時常隸變作舌,見「話」字注。段注:「凡咶聲字隸變皆為舌,如括、刮之類。」

嗾　𠽖 sǒu　　使犬聲。从口,族聲。《春秋傳》曰:公嗾夫獒。〔穌奏切〕

【注釋】

本義是用嘴發出聲音驅使狗。引申出教唆指使,如「嗾使」。

吠　𠰶 fèi　　犬鳴也。从犬、口。〔符廢切〕

【注釋】

「蜀犬吠日」,喻少見多怪也。

咆　𠺁 páo　　嗥也。从口,包聲。〔薄交切〕

嗥　𠻤 háo　　咆也。从口,皋聲。〔乎刀切〕𤟟 譚長說:嗥从犬。

【注釋】

本義是吼叫,《廣韻》:「嗥,熊虎聲。」引申為哭。

喈　𠴫 jiē　　鳥鳴聲。从口,皆聲。一曰:鳳皇鳴聲喈喈。〔古諧切〕

【注釋】

喈喈，鳥叫聲，如「雞鳴喈喈」。又指聲音和諧，如「鼓鐘喈喈」。

哮 xiāo　　豕驚聲也。从口，孝聲。〔許交切〕

【注釋】

本義罕見，常用義是老虎叫聲，《通俗文》：「虎聲謂之哮唬。」泛指野獸叫。

喔 wō　　雞聲也。从口，屋聲。〔於角切〕

呃 è　　喔也。从口，戹聲。〔烏格切〕

【注釋】

段注：「呃喔雙聲。《射雉賦》：良遊呃喔，引之規裏。《廣韻》曰：呃喔，鳥聲。疑兩篆文下本皆云呃喔，後人亂之耳。」

咮 zhòu　　鳥口也。从口，朱聲。〔章俱切〕

【注釋】

本義是鳥嘴。段注：「今人噣、咮、啄三字同音通用，許分別甚明，人口不曰咮。」

嚶 yīng　　鳥鳴也。从口，嬰聲。〔烏莖切〕

【注釋】

《詩經》：「嚶其鳴矣，求其友聲。」「嚶鳴」謂鳥相和鳴，後比喻尋求志同道合的朋友。從嬰之字多有小義，如嬰（初生兒）、櫻（櫻桃）等。

啄 zhuó　　鳥食也。从口，豖聲。〔竹角切〕

【注釋】

鳥取食也。

唬 xiāo　　嗁聲也。一曰：虎聲。从口，从虎。讀若暠。〔呼訏切〕

【注釋】

唬，俗作啼。

呦 yōu　鹿鳴聲也。从口，幼聲。〔伊虯切〕 呦，或从欠。

【注釋】

《詩經》:「呦呦鹿鳴，食野之蒿。」今人有屠呦呦，提煉出青蒿素。見「蒿」字注。

噳 yǔ　麋鹿群口相聚貌。从口，虞聲。《詩》曰：麀鹿噳噳。〔魚矩切〕

【注釋】

「噳噳」，群聚貌，如「麀鹿噳噳」。又笑貌，《廣韻》:「噳噳，笑貌。」《集韻》或作「麌麌」。

喁 yóng　魚口上見。从口，禺聲。〔魚容切〕

【注釋】

本義是魚口向上，露出水面。韓愈《南山》:「喁喁魚闖萍，落落月經宿。」「喁喁」，眾人景仰歸向貌，漢趙曄《吳越春秋》:「天下喁喁，若兒思母、子歸父而留越。」又隨聲附和貌，《史記·日者列傳》:「公之等喁喁者也，何知長者之道乎！」又形容低聲細語，如「喁喁私語」。

局 jú　促也。从口，在尺下，復局之。一曰：博，所以行棋。象形。〔徐鍇曰：人之無涯者唯口，故口在尺下則為局。博局外有垠堮周限也。〕〔渠綠切〕

【注釋】

本義是局限、拘束，今有「局促」。常用義是彎曲，《詩經》:「謂天蓋高，不敢不局。」引申為部分，今有「局部」；又為度量、器量義。「一曰：博，所以行棋」，有棋盤義，今有「棋局」，又引申下棋的量詞。

㕣 yǎn　山間陷泥地。从口，从水敗貌。讀若沇州之沇。九州之渥地

也，故以沇名焉。〔以轉切〕古文㕣。

【注釋】

山間泥沼地。此沇之初文也，許書有以讀若破假借之例。山間的泥沼，水必盈，故引申有盛多貌，如「沇溶」。「沇沇」，水流動貌。

文一百八十　重二十一

哦 é　　吟也。从口，我聲。〔五何切〕

【注釋】

今有「吟哦」，有節奏地誦讀，又推敲詞句之謂也。

嗃 hè　　嗃嗃，嚴酷貌。从口，高聲。〔呼各切〕

【注釋】

嗃嗃，嚴酷貌。嗔嗃，欺詐不實也。

售 shòu　　賣去手也。从口，雔省聲。《詩》曰：賈用不售。〔承臭切〕

【注釋】

售之本義為賣掉。「不售」謂賣不掉，非今之不願賣也。引申施展義，如「以售其奸」「其計不售」。考試得中謂之售，《聊齋誌異》:「有成名者，操童子業，久不售。」謂長久沒有考取秀才。

售有賣義，又有買義，正反同辭也。《聊齋誌異》:「欲居之以為利，而高其值，亦無售者。」柳宗元《鈷鉧潭西小丘記》:「問其價，曰:『止四百。』余憐而售之。」皆買義也。

噞 yǎn　　噞喁，魚口上見也。从口，僉聲。〔魚檢切〕

【注釋】

噞喁，魚口開合貌，借指魚，陸游《舟中作》:「斷岸飲觳觫，清波跳噞喁。」比喻開口交談，黃庭堅《阻風銅陵》:「言語竟不通，噞喁亦何益！」

唳 lì　　鶴鳴也。从口，戾聲。〔朗計切〕

【注釋】

今有「風聲鶴唳」。

喫 𪚥 chī（吃）　食也。从口，契聲。〔苦擊切〕

【注釋】

簡化作吃，古吃、喫音義有別，見上「吃」字注。

喚 𪘚 huàn　呼也。从口，奐聲。古通用奐。〔呼貫切〕

【注釋】

本義是呼喊。又有叫作義，元睢景臣《高祖還鄉》：「白甚麼改了姓，更了名，喚作漢高祖。」「叫」「喊」亦有此二義，如「我叫／喊她姨媽」，同步引申也。

哈 𪙧 hāi　蚩笑也。从口，从台。〔呼來切〕

【注釋】

本義是嗤笑。《九章》：「又眾兆之所咍。」又有喜悅、歡笑義，如「歡咍」。咍、孩同源詞也。今人用 high 表興奮，或謂本字當作咍。

嘲 𪚞 cháo　謔也。从口，朝聲。《漢書》通用啁。〔陟交切〕

【注釋】

見前「啁」字注。班固喜用古字，經學家愛仿古。

呀 𪘁 xiā　張口貌。从口，牙聲。〔許加切〕

【注釋】

張口，表驚異。今讀 yā。

文十　新附

凵部

凵 凵 kǎn　張口也。象形。凡凵之屬皆从凵。〔口犯切〕

【注釋】

此「坎」字之初文也。坎者，坑也。

文一

吅部

吅 xuān（喧）　驚呼也。从二口。凡吅之屬皆从吅。讀若讙。〔臣鉉等曰：或通用讙，今俗別作喧，非是。〕〔況袁切〕

【注釋】

吅乃喧之初文也。段注：「《玉篇》云：吅與讙通，按《言部》讙、嘩二字互訓，與驚嘑義別。」

䙌 níng　亂也。从爻、工交吅。一曰：窒䙌。讀若禳。〔徐鍇曰：二口，噂沓也。爻，物相交質也。工，人所作也。己，象交構形。〕〔女庚切〕籀文䙌。

【注釋】

襄從此字。此「熙熙攘攘」之本字也。攘，亂也。「讀若禳」，許書以讀若破假借也。「攘」「禳」俗字無別。

嚴 yán（严）　教命急也。从吅，厰聲。〔語杴切〕古文。

【注釋】

嚴之本義為緊急，「事嚴」即事情緊急。引申為嚴厲義，「嚴君」為對父親的尊稱。轉指父親，今有「家嚴」。引申為猛義，今有「嚴寒」「嚴風」。又有尊敬義，今有「尊嚴」。又有戒備義，今有「戒嚴」。

咢 è　譁訟也。从吅，屰聲。〔五各切〕

【注釋】

眾口爭辯。此「諤諤」初文也。「諤諤」，直言進諫貌，《史記》：「千人之諾諾，不如一士之諤諤。」引申為徒擊鼓曰咢。《漢書·韋賢傳》：「睮睮諂夫，咢咢黃髮。」顏師古注：「咢咢，直言也。」「咢咢」或作「諤諤」。

單 單 dān（单）　　大也。从吅、串，吅亦聲。闕。〔都寒切〕

【注釋】

单乃草書楷化字形。

本義是大，從單之字多有大義，如鼙（富鼙鼙貌）、鱓（魚名，皮可為鼓）、闡（開也）、繟（帶緩也）、鼉（水蟲，似蜥易，長大）、墠（野土也）、嬋（嬋娟，舒緩貌）、禪（祭天）。

咒 咒 zhōu　　呼雞重言之。从吅，州聲。讀若祝。〔之六切〕

【注釋】

咒咒，擬聲詞，呼雞的聲音。常用義通咒，即祝也。「咒物」「咒法」謂方士驅鬼的書符、口訣等。「讀若祝」，許書有以讀若破假借之例。

文六　重二

哭部

哭 哭 kū　　哀聲也。从吅，獄省聲。凡哭之屬皆从哭。〔苦屋切〕

【注釋】

有聲有淚謂之哭，有淚無聲謂之泣，有聲無淚謂之嚎。

段注：「按許書言省聲，多有可疑者。取一偏旁，不載全字，指為某字之省。若家之為豭省，哭之从獄省，皆不可信。凡造字之本意有不可得者，如禿之从禾。用字之本義亦有不可知者，如家之从豕，哭之从犬。愚以為家入《豕部》从豕、宀，哭入《犬部》从犬、吅，皆會意，而移以言人。庶可正省聲之勉強皮傅乎。」

喪 喪 sàng（丧）　　亡也。从哭，从亡，會意。亡亦聲。〔息郎切〕

【注釋】

丧乃草書楷化字形。本義是喪失，去聲。引申為死亡。亡亦有此二義，同步引申也。引申為喪事，變平聲。

文二

走部

走　$\stackrel{\hat{x}}{\text{（篆）}}$　zǒu　　趨也。从夭、止。夭止者，屈也。凡走之屬皆从走。〔徐鍇曰：走則足屈，故从夭。〕〔子苟切〕

【注釋】

本義是跑。金文作（金文），象人跑搖兩手形。一說金文象小步快走，身體前傾，腳不騰空，類似今之競走。古之走，相當於今之跑。「走狗」者，謂跑得很快的狗，即獵犬也，如「飛鷹走狗」。「走馬觀花」謂跑馬也。方言有「走電」，亦說「跑電」，謂漏電也。《釋名》：「緩行曰步，急行曰趨，急趨曰走。」「三十六計，走為上策」，逃跑也。

段注：「《釋名》曰：徐行曰步，疾行曰趨，疾趨曰走。此析言之，許渾言不別也。今俗謂走徐、趨疾者，非。」

古代僕人謂之走，謂奔走於左右也，司馬遷《報任安書》：「太史公牛馬走司馬遷再拜言。」引申為謙稱我，張衡《東京賦》：「走雖不敏。」「僕」亦有此二義，同步引申也。

趨　$\stackrel{\text{（篆）}}{\text{}}$　qū　　走也。从走，芻聲。〔七逾切〕

【注釋】

本義是快走，急行曰趨。「趨舍」謂進取或退止，或作「趣捨」。

赴　$\stackrel{\text{（篆）}}{\text{}}$　fù　　趨也。从走，仆省聲。〔臣鉉等曰：《春秋傳》赴告用此字。今俗作訃，非是。〕〔芳遇切〕

【注釋】

今「赴湯蹈火」保留本義。赴、訃古今字。段注：「按古文訃告字只作赴者，取急疾之意。今文从言，急疾意轉隱矣。」

趣　$\stackrel{\text{（篆）}}{\text{}}$　qù　　疾也。从走，取聲。〔七句切〕

【注釋】

本義是急速，後人言「歸趣」「旨趣」者，乃引申之義。見「趨」字注。

超 ⿺走召 chāo　　跳也。从走，召聲。〔敕宵切〕

【注釋】

本義是跳，《孟子》：「挾泰山而超北海。」「超乘」謂跳上車。超、跳古同音，古無舌上音，舌上歸舌頭。引申為遙遠義，《廣雅》：「超，遠也。」屈原《國殤》：「平原忽兮路超遠。」梁啟超，字卓如。超、卓亦一聲之轉也。

趫 ⿺走喬 qiāo　　善緣木走之才。从走，喬聲。讀若王子蹻。〔去囂切〕

【注釋】

今「踩高蹻」之本字也。段注：「今伎家僑人象此，僑人今俗謂之蹻僑，僑即趫字。」從喬之字多有高義，見後「喬」字注。

赳 ⿺走丩 jiū　　輕勁有才力也。从走，丩聲。讀若鐈。〔居黝切〕

【注釋】

勇武貌，今有「雄赳赳」「赳赳武夫」。

趌 ⿺走支 qí　　緣大木也。一曰：行貌。从走，支聲。〔巨之切〕

【注釋】

支聲，章組部分來自舌根音齶化。

趮 ⿺走喿 zào（躁）　　疾也。从走，喿聲。〔臣鉉等曰：今俗別作躁，非是。〕〔則到切〕

【注釋】

《說文》無躁字，此急躁古字也。段注：「按今字作躁。」

趯 ⿺走翟 yuè（躍、跃）　　踊也。从走，翟聲。〔以灼切〕

【注釋】

此踊躍、跳躍之本字也。《說文》躍訓「迅也」，非踊躍、跳躍本字。

趹 ⿺走厥 jué　　跖也。从走，厥聲。〔居月切〕

越 越 yuè　　度也。从走，戉聲。〔王伐切〕

【注釋】

本義是越過。又遠也，今有「殺人越貨」，語本《尚書・康誥》：「殺越人於貨，暋不畏死。」或解釋為搶奪。引申為迂闊不實，「迂」亦有遠、迂闊義，同步引申也。

引申為離散，如「精神勞則越」，今有「越散」「越泄」。《說文》：「歇，一曰：氣越泄也。」引申為散佈、宣揚，如「越美名於四方」。引申為高揚，如「聲音清越」。引申為墜落，如「越於車下」「顛越」。

趁 趁 chèn　　趠也。从走，㐱聲。讀若塵。〔丑刃切〕

【注釋】

常用義是追趕。趁著義乃後起。

趠 趠 zhān　　趁也。从走，亶聲。〔張連切〕

【注釋】

趁趠即迍邅，連語，難行也。

趞 趞 què　　趞趞也。一曰：行貌。从走，昔聲。〔七雀切〕

【注釋】

行走輕捷貌。

趬 趬 qiāo　　行輕貌。一曰：趬，舉足也。从走，堯聲。〔牽遙切〕

【注釋】

段注：「今俗語輕趬，當用此字。」

趁 趁 xián　　急走也。从走，弦聲。〔胡田切〕

【注釋】

段注：「形聲包會意，从弦有急意也。」

趑 趑 cī　　蒼卒也。从走，朿聲。讀若資。〔取私切〕

【注釋】

此造次之本字也。段注：「《論語》：造次必於是。造次，馬云：急遽也。鄭云：倉卒也。然則次者，越之假借字。」

趯 <small>（篆）</small> piāo　　輕行也。从走，票聲。〔撫招切〕

【注釋】

從票之字多有輕義，如漂、飄、剽（動作輕快）等。

趣 <small>（篆）</small> qǐn　　行貌。从走，臤聲。讀若敂。〔棄忍切〕

趥 <small>（篆）</small> qiū　　行貌。从走，酋聲。〔千牛切〕

趲 <small>（篆）</small> zhú　　行貌。从走，蜀聲。讀若燭。〔之欲切〕

趣 <small>（篆）</small> jiàng　　行貌。从走，匠聲。讀若匠。〔疾亮切〕

趣 <small>（篆）</small> xún　　走貌。从走，叡聲。讀若紃。〔臣鉉等以為叡聲遠，疑从睿。〕〔祥遵切〕

趣 <small>（篆）</small> jié　　走意。从走，薊聲。讀若鬒結之結。〔古屑切〕

趣 <small>（篆）</small> yǔn　　走意。从走，困聲。〔丘忿切〕

趖 <small>（篆）</small> suō　　走意。从走，坐聲。〔蘇和切〕

趣 <small>（篆）</small> xiàn　　走意。从走，憲聲。〔許建切〕

趣 <small>（篆）</small> biān　　走意。从走，鼻聲。〔布賢切〕

趣 <small>（篆）</small> zhí　　走也。从走，戠聲。讀若《詩》：威儀秩秩。〔直質切〕

趣 <small>（篆）</small> yòu　　走也。从走，有聲。讀若又。〔于救切〕

趶 𧼥 wǔ　　走輕也。从走，烏聲。讀若鄔。〔安古切〕

躣 𧾷 qú　　走顧貌。从走，瞿聲。讀若劬。〔其俱切〕

【注釋】

此形聲包會意。瞿，鷹隼之視也。

褰 𧾷 qiān　　走貌。从走，褰省聲。〔九輦切〕

趲 𧾷 cāi　　疑之，等赺而去也。从走，才聲。〔倉才切〕

赺 𧾷 cǐ　　淺渡也。从走，此聲。〔雌氏切〕

【注釋】

從此之字多有小義，見「些」字注。

趜 𧾷 qióng（煢）　　獨行也。从走，匀聲。讀若煢。〔渠營切〕

【注釋】

此「煢煢子立」之本字也。《說文》：「煢，回疾也。」非本字明矣。《唐風》：「獨行煢煢。」毛曰：「煢煢，無所依也。」「讀若煢」，此許書以讀若破假借之例。

趨 𧾷 yú　　安行也。从走，與聲。〔余呂切〕

【注釋】

從與之字多有安義，段注：「《廣韻‧九魚》：趨趨，安行貌。按《欠部》：歟，安氣也。《心部》：懇，趣步懇懇也。《馬部》：驊，馬行徐而疾也。《論語》曰：與與如也。《漢書》：長倩懇懇。」

起 𧾷 qǐ　　能立也。从走，巳聲。〔墟里切〕𧾷 古文起，从辵。

【注釋】

常用義出現、產生也，《爾雅》：「作、興，起也。」今有「起色」，謂好轉也；建造義，今有「白手起家」。又有開始義，如「起點」「起筆」。「作」亦有出現、開

始、建造義，同步引申也。

趰 𨒌 hái 　　留意也。从走，里聲。讀若小兒孩。〔戶來切〕

趩 𨑹 xiòng 　　行也。从走，臭聲。〔香仲切〕

趨 𨒸 yǐn 　　低頭疾行也。从走，金聲。〔牛錦切〕

趌 𨐦 jí 　　趌趨，怒走也。从走，吉聲。〔去吉切〕

【注釋】

段注：「凡異部疊韻，必部分相近。」

趨 𨒱 jié 　　趌趨也。从走，曷聲。〔居謁切〕

趨 𨓎 xuān 　　疾也。从走，買聲。讀若讙。〔況袁切〕

【注釋】

此「葉公見之，棄而還走」「扁鵲見桓侯而還走」之本字也，古書多以通「旋」，調轉也。不妥，本字可通，不言通假也。

段注：「《齊風》：子之還兮。毛曰：還，便捷之貌。按毛以還為趨之假借也，或毛、許所據《詩》本作趨。」

趉 𧼈 yì 　　直行也。从走，气聲。〔魚訖切〕

【注釋】

從乞之字多有堅直義，見後「仡」字注。

趫 𧽝 yì 　　趨進趫如也。从走，翼聲。〔與職切〕

【注釋】

此「小心翼翼」之本字也。《說文》：「翼，翅也。」非本字明矣。段注：「有但引經文不釋字義者，如此及『色艴如也』，又『足躩如也』。」

趹 jué　　踶也。从走，決省聲。〔古穴切〕

【注釋】

趧趹，急速行走貌。

趩 chì　　行聲也。一曰：不行貌。从走，異聲。讀若敕。〔丑亦切〕

【注釋】

段注：「按趩字鍇本在部末，疑⿺走翼、趩本一字而二之，如《水部》之潩、瀷也。」

趆 dǐ　　趨也。从走，氐聲。〔都禮切〕

趍 chí　　趍趙，夂也。从走，多聲。〔直離切〕

【注釋】

「趍」字單用，表示快走，《淮南子》：「今夫救火者，汲水而趍之。」「趍趙」連文，表示行動遲緩，見下「趙」字注。「趍」常通「趨」，如「躁趍」「走趍」「進趍」。段注：「趍趙雙聲字，與峙躇、蹢躅字皆為雙聲轉語。」

趙 zhào（赵）　　趍趙也。从走，肖聲。〔治小切〕

【注釋】

簡化字作赵，符號替代俗字也。單用表快走，《穆天子傳》：「天子北征，趙行口舍。」郭璞注：「趙，猶超騰。」「趍趙」即躑躅，一聲之轉也，指行動遲緩貌。

赾 qǐn　　行難也。从走，斤聲。讀若堇。〔丘堇切〕

⿺走夐 jú　　走意也。从走，夐聲。讀若繘。〔居聿切〕

趠 chuō　　遠也。从走，卓聲。〔敕角切〕

【注釋】

同「踔」。段注：「逴，遠也。音義同。」

趫 yuè　　趌趫也。从走，龠聲。〔以灼切〕

【注釋】

段注:「趌趫疊韻字。《廣韻》:趌趫，行皃。《方言》:躍，行也。躍即趫字。」

趹 jué　　大步也。从走，矍聲。〔丘縛切〕

趨 chì　　超特也。从走，契聲。〔丑例切〕

【注釋】

段注:「《廣韻》曰:趨，同跇。按《足部》有跇字。」

趞 jī　　走也。从走，幾聲。〔居衣切〕

趨 fú　　走也。从走，弗聲。〔敷勿切〕

【注釋】

段注:「《篇》《韻》皆作趀，云:走皃。」

趫 yù　　狂走也。从走，矞聲。〔余律切〕

趨 mán　　行遲也。从走，曼聲。〔莫還切〕

【注釋】

今「快慢」之本字也。《說文》:「慢，惰也。」慢之本義為怠慢。段注:「今人通用慢字。」

趉 jué　　走也。从走，出聲。讀若無尾之屈。〔瞿勿切〕

【注釋】

段注:「《玉篇》曰:卒起走也。按今俗語有之。」

趜 jú　　窮也。从走，匊聲。〔居六切〕

【注釋】

今「進退維谷」之本字也。《爾雅》：「鞠、究，窮也。」本字當作趜。《詩經》：「鞠哉庶正。」毛傳：「鞠，窮也。」

段注：「毛傳：鞠，窮也。《說文》：籟，窮治罪人也。皆於雙聲疊韻求之。《廣韻》曰：趜，困人也。」

趑 趑 cī　　趑趄，行不進也。从走，次聲。〔取私切〕

【注釋】

猶豫不進貌也。

趄 趄 qū　　趑趄也。从走，且聲。〔七余切〕

趨 趨 qiān　　蹇行趨趨也。从走，虔聲。讀若愆。〔去虔切〕

【注釋】

蹇，難也。「趨趨」，難行貌。「虔」之本義即虎行緩慢貌。聲兼義也。

趲 趲 quán　　行趲趲也。一曰：行曲脊貌。从走，雚聲。〔巨員切〕

【注釋】

段注：「《廣韻》：趲，曲走貌。」從雚之字多有彎曲義，見後「彠」字注。

趢 趢 lù　　趲趢也。从走，彔聲。〔力玉切〕

趨 趨 qūn　　行趨趨也。从走，夋聲。〔七倫切〕

【注釋】

趨、逡，同源詞，小步走也。

趀 趀 jí　　側行也。从走，束聲。《詩》曰：謂地蓋厚，不敢不趀。〔資昔切〕

【注釋】

今《詩經》作「蹐」，小步走也。

趌 kuǐ（跬）　　半步也。从走，圭聲。讀若跬同。〔丘弭切〕

【注釋】

今「跬步」之本字也。《說文》無跬字。

段注：「今字作跬。《司馬法》曰：一舉足曰跬，跬三尺。兩舉足曰步，步六尺。」

趨 chí　　趨驚，輕薄也。从走，虒聲。讀若池。〔直離切〕

【注釋】

段注：「趨驚，周漢人語。」

趙 bó（踣）　　僵也。从走，音聲。讀若匐。〔朋北切〕

【注釋】

同「踣」，倒下也。段注：「此與《足部》之踣音義並同，未審孰為本字，孰為後增。」

趦 chě　　距也。从走，庶省聲。《漢令》曰：趦張百人。〔車者切〕

趦 lì　　動也。从走，樂聲。讀若《春秋傳》曰：輔趦。〔郎擊切〕

趡 cuǐ　　動也。从走，隹聲。《春秋傳》曰：盟於趡。趡，地名。〔千水切〕

趄 yuán　　趄田，易居也。从走，亙聲。〔羽元切〕

【注釋】

「趄田」同「轅田」，古代按休耕需要分配的土地。此「盤桓」之本字，後世作桓者，借字耳。「易居」，更換居所也。

趮 diān　　走頓也。从走，真聲。讀若顛。〔都年切〕

【注釋】

此「顛覆」之本字也。《說文》：「顛，頂也。」非本字明矣。「讀若顛」，此許書

以讀若破假借也。

趭 𧻹 yǒng　　喪辟趭。从走，甬聲。〔余隴切〕

【注釋】

段注：「今《禮經》《禮記》皆作踊。《足部》曰：踊，跳也。是二字義殊也。撫心為擗，跳躍為趭。」

趩 𧽱 bì（蹕）　　止行也。一曰：灶上祭名。从走，畢聲。〔卑吉切〕

【注釋】

今經典皆作蹕，帝王出行時開路清道，禁止他人通行。泛指帝王的車駕，「駐蹕」謂帝王出行時沿途停留暫住。

段注：「今《禮經》皆作蹕，惟《大司寇》釋文作趩，云：本亦作蹕。是可見古經多後人改竄，亦有僅存古字也。」

趣 𧼪 jiàn　　進也。从走，斬聲。〔藏監切〕

【注釋】

《周易》「鴻漸於野」本字也。《說文》：「漸，水也。」本義水名，即今浙江。今則皆用漸字而趣廢矣。

段注：「按《水部》漸云：漸水也。則訓進者當專作趣。許所見《周易》卦名當如是矣。」

趧 𧼙 dī　　趧婁，四夷之舞，各自有曲。从走，是聲。〔都兮切〕

趒 𧽅 tiáo　　雀行也。从走，兆聲。〔徒遼切〕

【注釋】

段注：「今人概用跳字。」

赶 𧽾 qián（趣）　　舉尾走也。从走，干聲。〔巨言切〕

【注釋】

《說文》無趕字。今簡化作赶。干聲，聲兼義也。

文八十五 重一

止部

止 Ψ zhǐ　　下基也。象艸木出有址，故以止為足。凡止之屬皆从止。
〔諸市切〕

【注釋】

止的本義是腳。《漢書》：「當斬左止者，笞五百。」班固喜用古字，故以止表腳。甲骨文作 Ψ、Ψ，象人之腳形，故從止字多跟腳、行走有關。「下基也」非其本義。

後引申為停止義，此義佔據本字止，加足作趾表示本義腳。故趾的本義不是腳趾頭，也是腳。後加土作址，表停止的地方。虛化為副詞，只、僅也，《莊子》：「止可以一宿，而不可以久處。」又為語氣詞，如「高山仰止，景行行止」。

踵 zhǒng（踵）　　跟也。从止，重聲。〔之隴切〕

【注釋】

此「摩肩接踵」本字也。《說文》：「踵，追也。」乃動詞，「踵事增華」字也。踵、踵一名一動，實則同源。

段注：「《釋名》曰：足後曰跟，或曰踵。踵，鍾也。上體之所鍾聚也。按劉熙作踵，許踵、踵義別。」

堂 chēng（撐、撑）　　距也。从止，尚聲。〔丑庚切〕

【注釋】

今俗字作撐、撑。《說文》無撐、撑字。段注：「今俗字尌作撐。」

峙 chí　　躇也。从止，寺聲。〔直離切〕

【注釋】

段注：「《足部》曰蹢躅，《毛詩》曰踟躕，《廣雅》曰躊躇、跢跦。皆雙聲疊韻而同義。」

距 歫 jù（拒）　　止也。从止，巨聲。一曰：槍也。一曰：超距。〔其呂切〕

【注釋】

今「抗拒」之古字也。《說文》無拒字。

歬 肯 qián（前）　　不行而進謂之前。从止在舟上。〔昨先切〕

【注釋】

隸定作歬，今作前。前實為剬之隸變字形。剬，今作剪。見「剬」字注。人不行而進者，唯居於舟為然。段注：「後人以齊斷之前為歬後字，又以羽生之翦為前齊字。」

歷 歷 lì（历）　　過也。从止，厤聲。〔郎擊切〕

【注釋】

历乃另造之俗字。本義是經過，引申為曆法義，曆法是經歷的時間。段注：「引申為治歷明時之歷。」引申逐個、依次義，今有「歷訪名家」。「歷歷在目」謂一個個很清楚。

踧 嘁 chù　　至也。从止，叔聲。〔昌六切〕

壁 壁 bì　　人不能行也。从止，辟聲。〔必益切〕

歸 歸 guī（归）　　女嫁也。从止，从婦省，𠂤聲。〔舉韋切〕𡚽籀文省。

【注釋】

本義為女子出嫁。《詩經》有「之子于歸」，謂此女子出嫁也。《易》有「歸妹」卦，謂嫁妹也。引申為婦女回娘家，如「歸寧」。

段注：「《公羊傳》《毛傳》皆云：婦人謂嫁歸。此非婦人假歸名，乃凡還家者假婦嫁之名也。」

疌 疌 jié　　疾也。从止，从又。又，手也。屮聲。〔疾葉切〕

【注釋】

此「敏捷」之本字也。《說文》：「捷，獵也，軍獲得也。」此乃大捷字。段注：「凡便捷之字當用此。捷，獵也，非其義。」

釓 𨑔 niè　機下足所履者。从止，从又，入聲。〔尼輒切〕

【注釋】

織布機底下腳所踩的踏板。躡、釓同源詞。

少 屮 tà　蹈也。从反止，讀若撻。〔他達切〕

【注釋】

此「踩踏」之初文也。

澀 𣥺 sè（澀、涩）　不滑也。从四止。〔色立切〕

【注釋】

此「乾澀」之初文。唐蘭《殷墟文字記》：「歰即《說文》之澀，四疊之字或三疊，歰象三足，澀象四足，不滑者乃後起義。」「澀」俗字或作「涩」，今日本漢字仍用之，乃重文符號替代形成之俗字。

文十四 重一

癶部

癶 𣥠 bō　足剌癶也。从止、少。凡癶之屬皆从癶。讀若撥。〔北末初〕

【注釋】

剌癶者，連語，相背也。隸變作癶。

登 𣥠 dēng　上車也。从癶、豆，象登車形。〔都滕切〕𤼓籀文登，从收。

【注釋】

登之本義為登車，引申為凡升曰登。《說文·豆部》有㽄字，云：「禮器也。」引申為豐收義，此為「五穀豐登」本字。後二字合併，通用登。引申為進義，今有「登

用」，《進學解》：「登崇俊良。」引申有記載義，今有「登記」。「登時」謂即時、立刻。

　　癹 𦳋 bá　　以足踏夷艸。从癶，从殳。《春秋傳》曰：癹夷蘊崇之。〔普活切〕

【注釋】

　　用腳踏平草。發字從此聲。今《左傳》作「芟夷蘊崇之」。

　　文三　重一

步部

　　步 𣥖 bù　　行也。从止、少相背。凡步之屬皆从步。〔薄故切〕

【注釋】

　　本義是緩慢走，今有「安步當車」。段注：「《行部》曰：人之步趨也。步徐，趨疾。《釋名》曰：徐行曰步。」古代六尺為步，即兩腳各邁一次的距離，半步為武或蹞。又通「埠」，水邊停船處。

　　歲 𣥹 suì（岁）　　木星也。越歷二十八宿，宣徧陰陽，十二月一次。从步，戌聲。律曆書名五星為五步。〔相銳切〕

【注釋】

　　岁乃簡化俗字，清代已出現。本義為歲星，即木星也。十二年繞天一周，一年走一個星次，故用來紀年，古有歲星紀年法。引申為年之稱。《爾雅》：「夏曰歲，商曰祀，周曰年，唐虞曰載。」

　　泛指時間、光陰，《三國志》：「欲以虛辭引歲。」「引歲」謂拖延時間也。又引申為年景、收成義，如「富歲」「歉歲」。段注：「五星，水曰辰星，金曰太白，火曰熒惑，木曰歲星，土曰填星。」

　　文二

此部

　　此 𣥠 cǐ　　止也。从止，从匕。匕，相比次也。凡此之屬皆从此。〔雌氏切〕

【注釋】

甲骨文作𣥂，林義光《文源》：「匕，即人之反文，从人止。此者，近處之稱，近處即人所止之處也。」引申這樣、這般，庾信《哀江南賦》：「天何為而此醉。」今有「如此」。

嘦 𣥂 zǐ　　窳也。闕。〔將此切〕

【注釋】

「呰窳」之本字也。懶惰、貧弱也。

紫 𣥃 zuǐ　　識也。从此，朿聲。一曰：藏也。〔遵誄切〕

文三

些 𣥄 suò　　語辭也。見《楚辭》。从此，从二。其義未詳。〔蘇個切〕

【注釋】

《楚辭》中的句末助詞。亦有細小、少許義，如「些兒」「些許」「些微」。從此之字多有小義，見前「茈」字注。

文一 新附